MUMBAI A DAY
volume 2

photos by
Simone Gallina

MUMBAI A DAY 2

Copyright © 2063 Simone Gallina
All rights reserved.
ISBN Code: 9781692216887

MUMBAI A DAY 2

This book is the second of a collection of pictures, taken in the streets of Bombay, showing its daily life, as seen by the eyes of a foreigner living in India.

the Author.

MUMBAI A DAY 2

MUMBAI A DAY 2

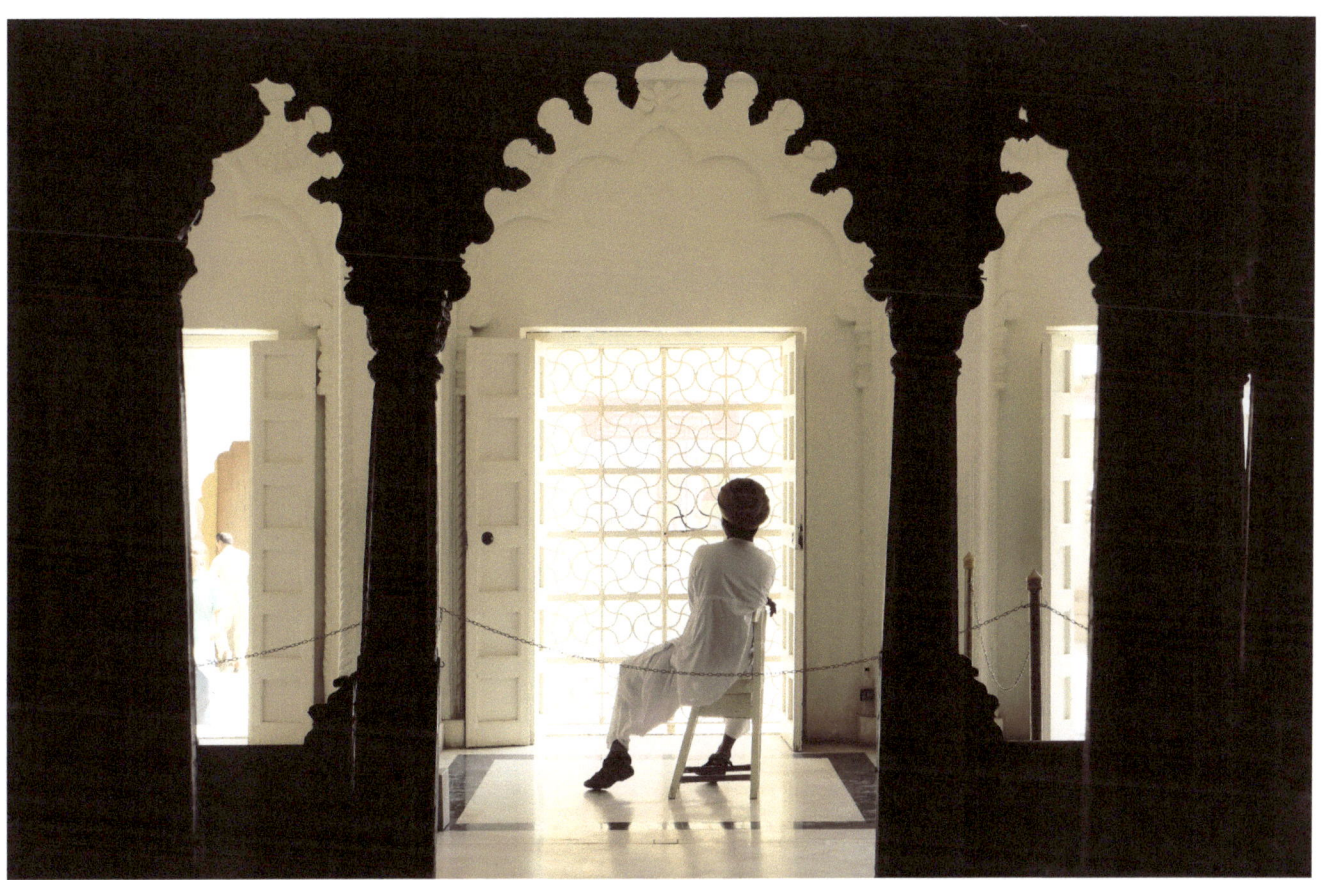

MUMBAI A DAY 2
MUMBAI A DAY 2

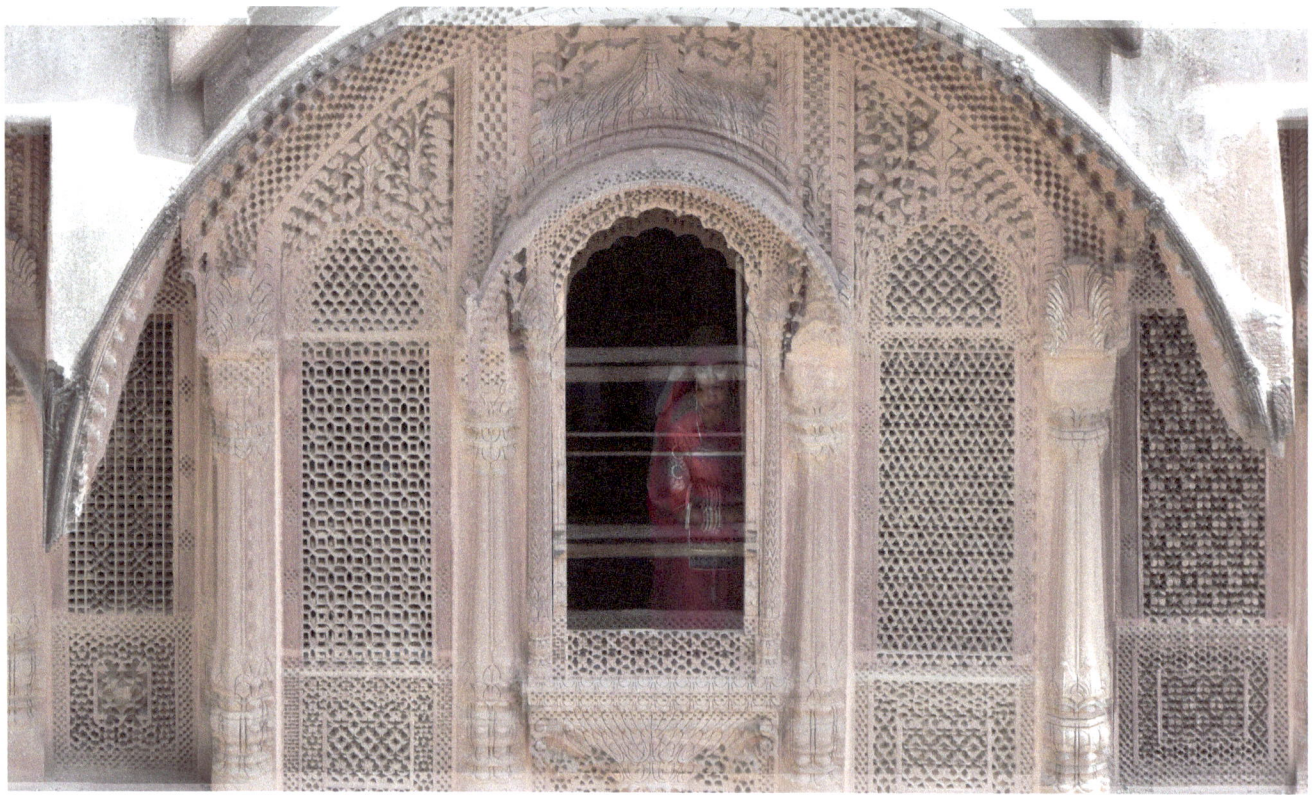

MUMBAI A DAY 2
MUMBAI A DAY 2

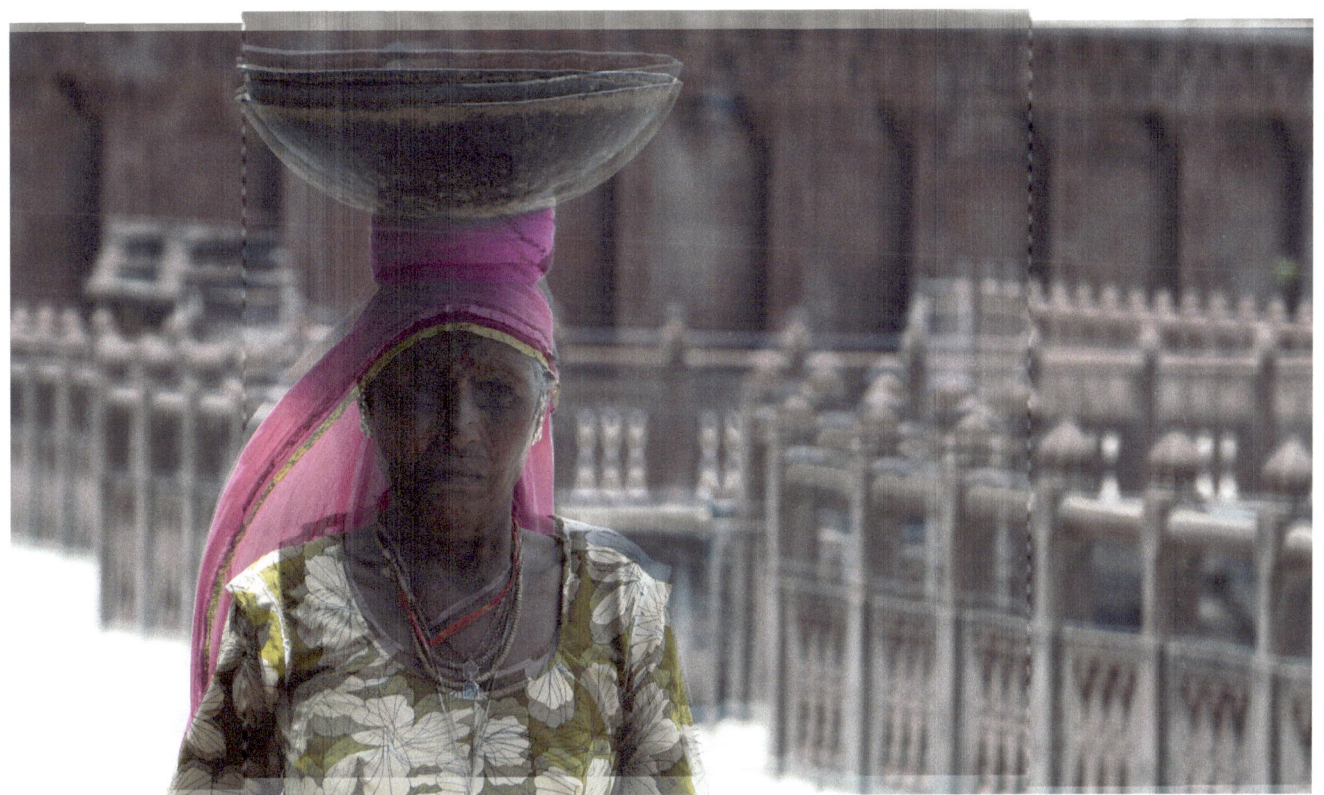

MUMBAI A DAY 2

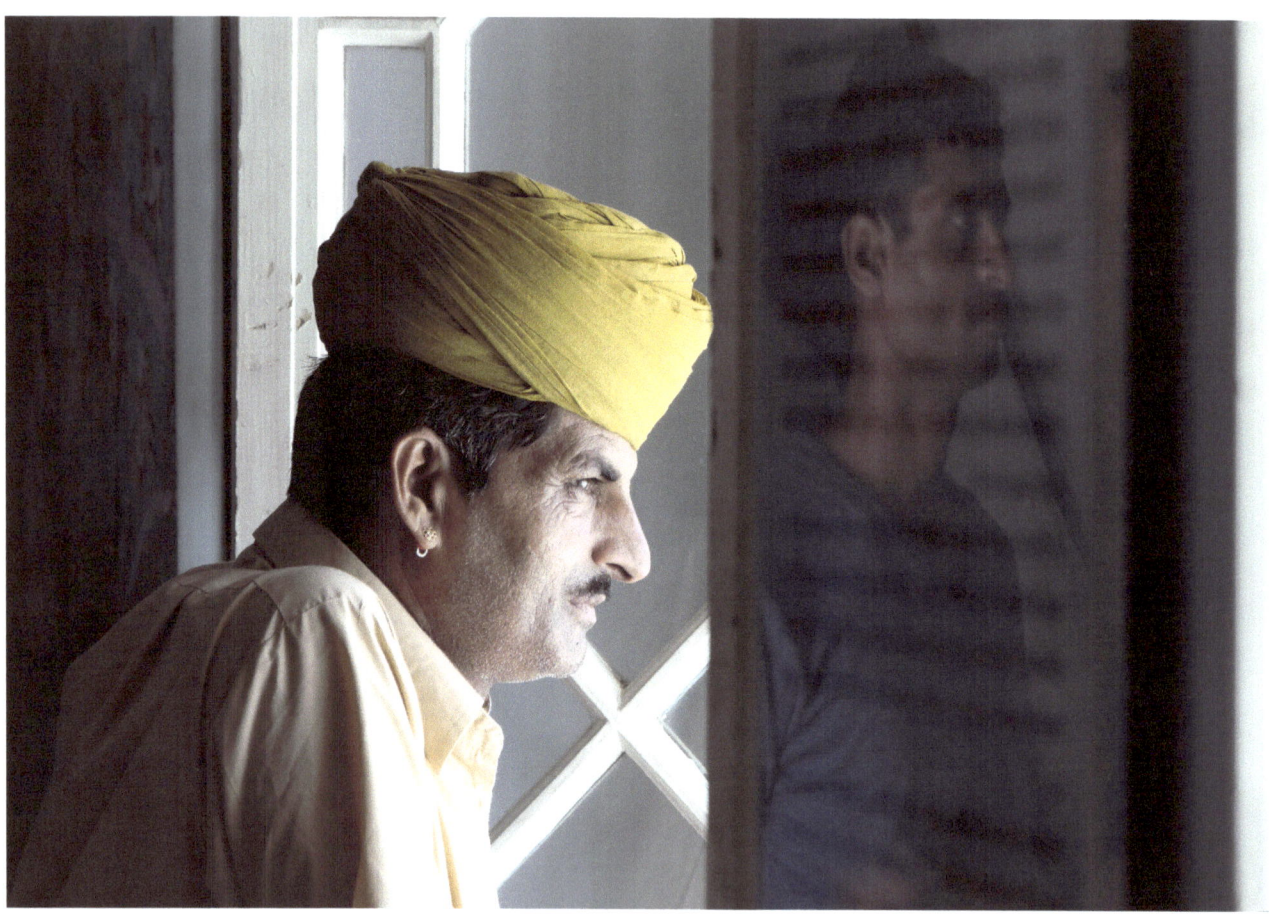

MUMBAI A DAY 2

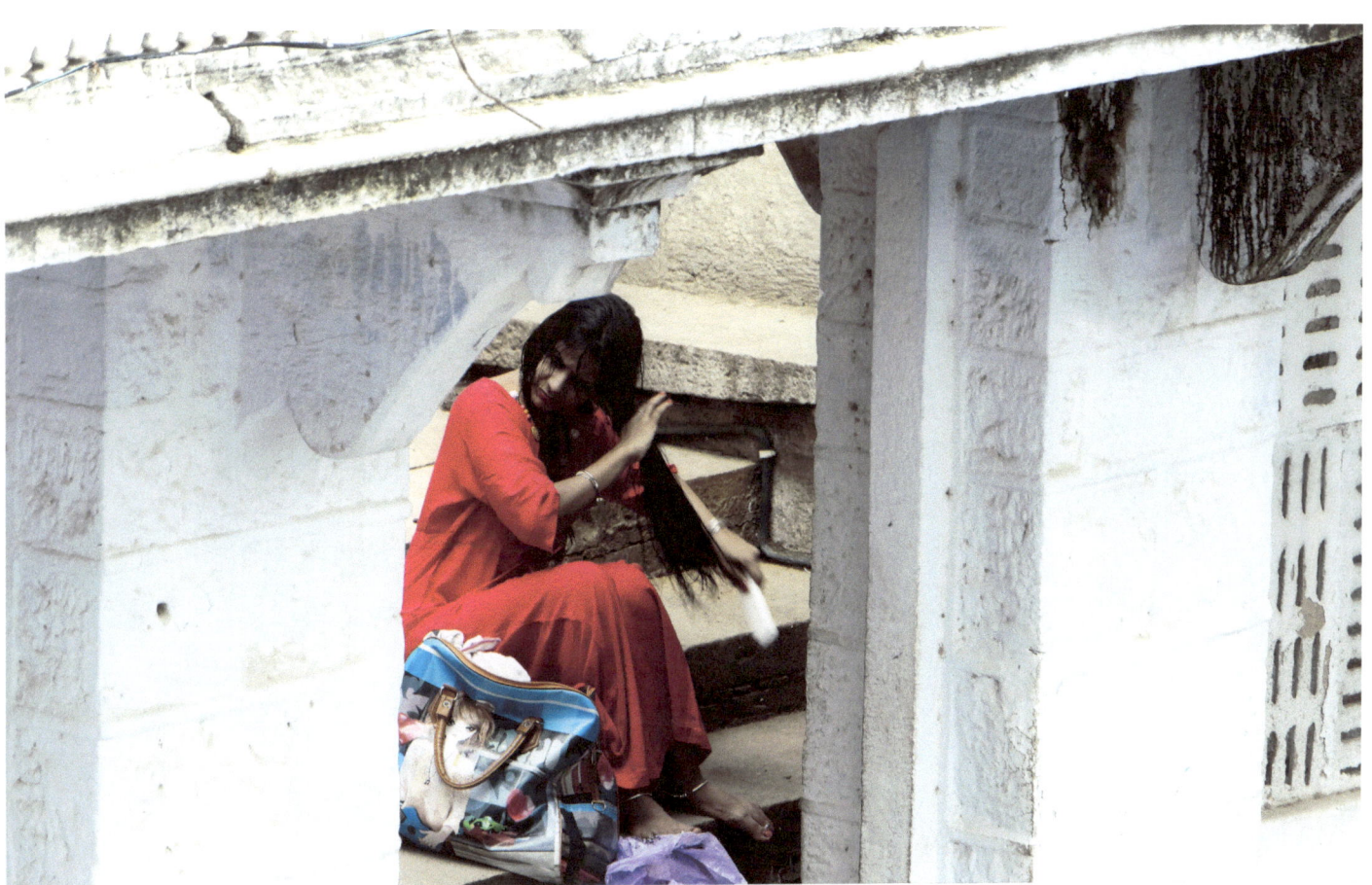

MUMBAI A DAY 2
MUMBAI A DAY 2

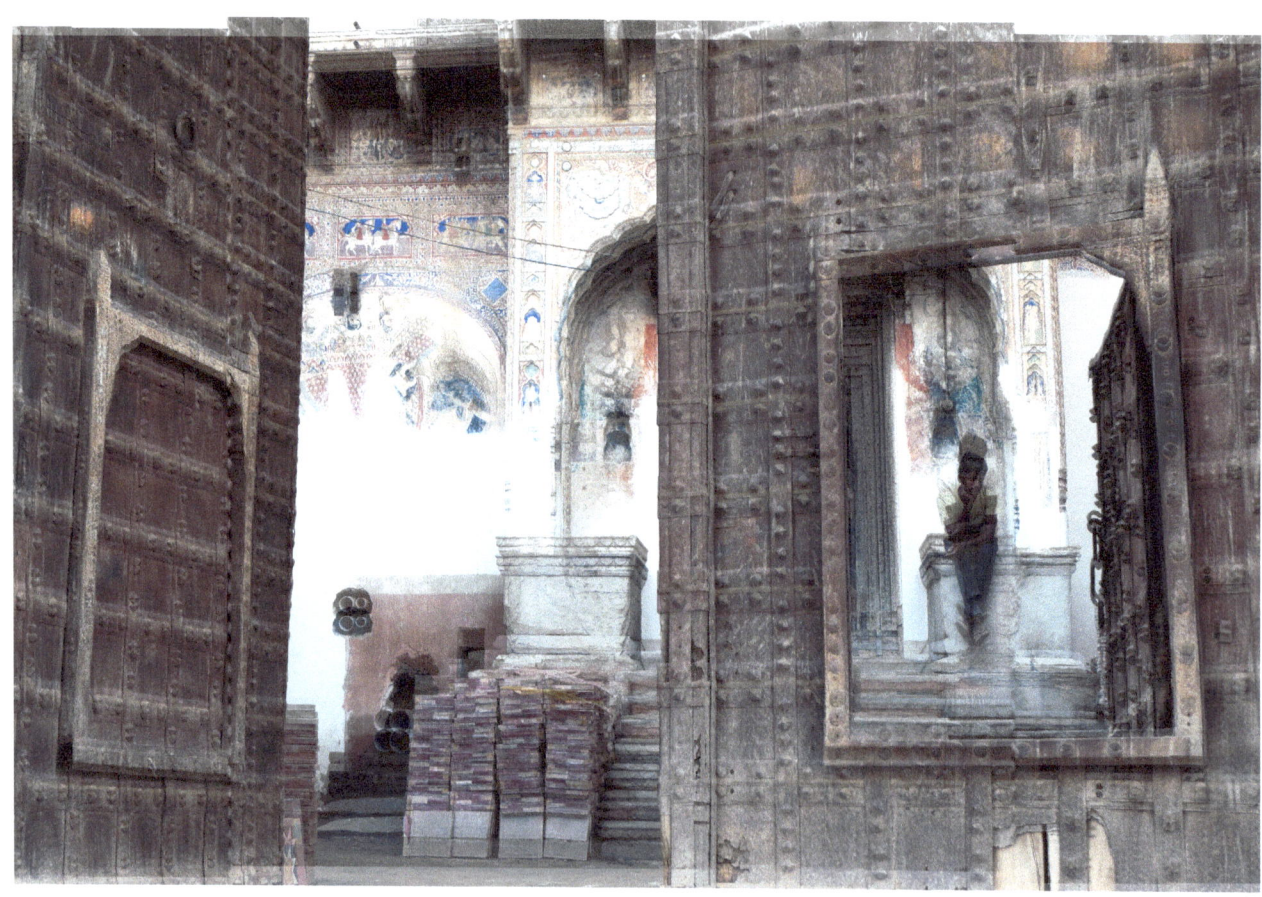

MUMBAI A DAY 2
MUMBAI A DAY 2

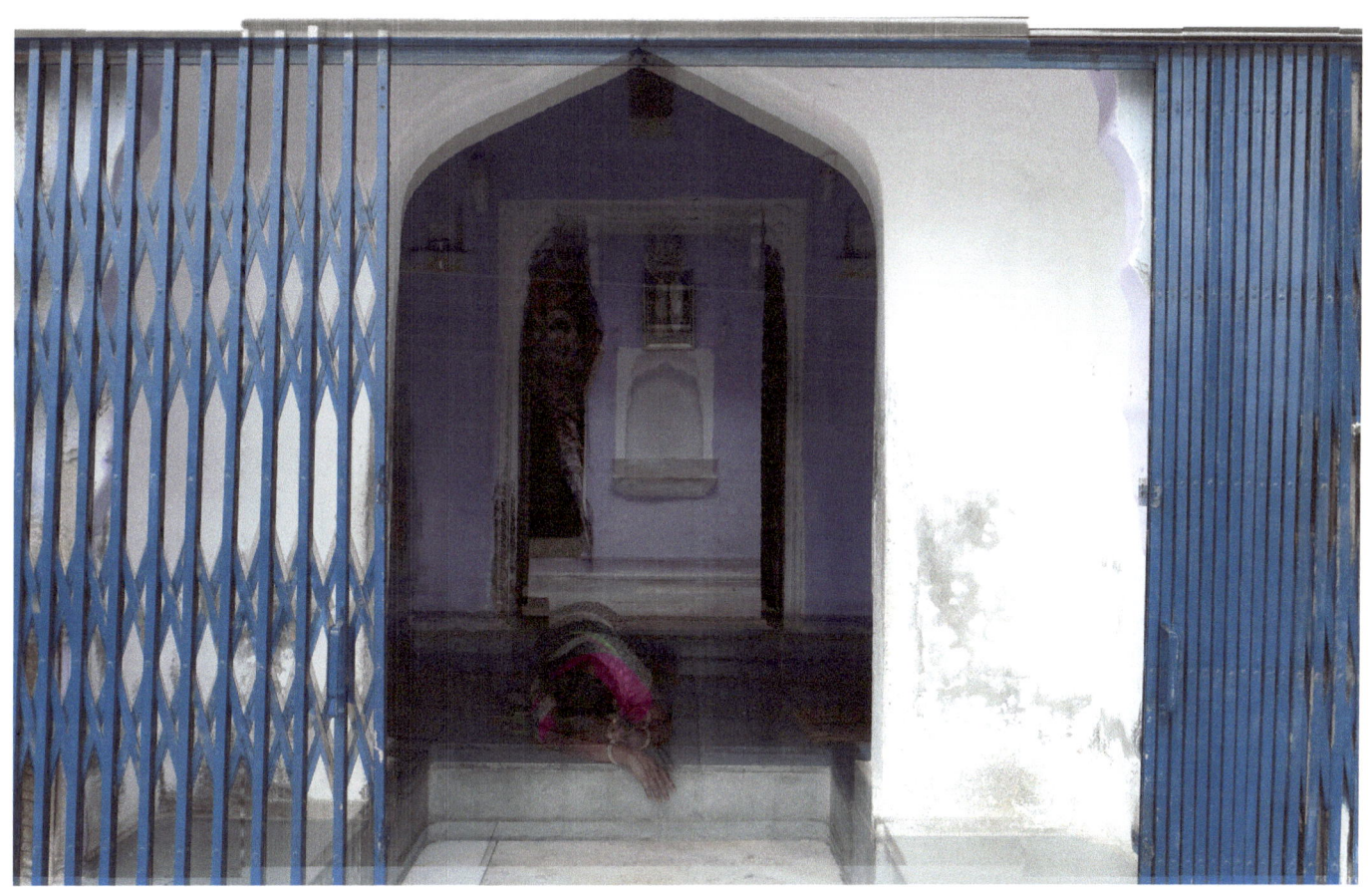

MUMBAI A DAY 2

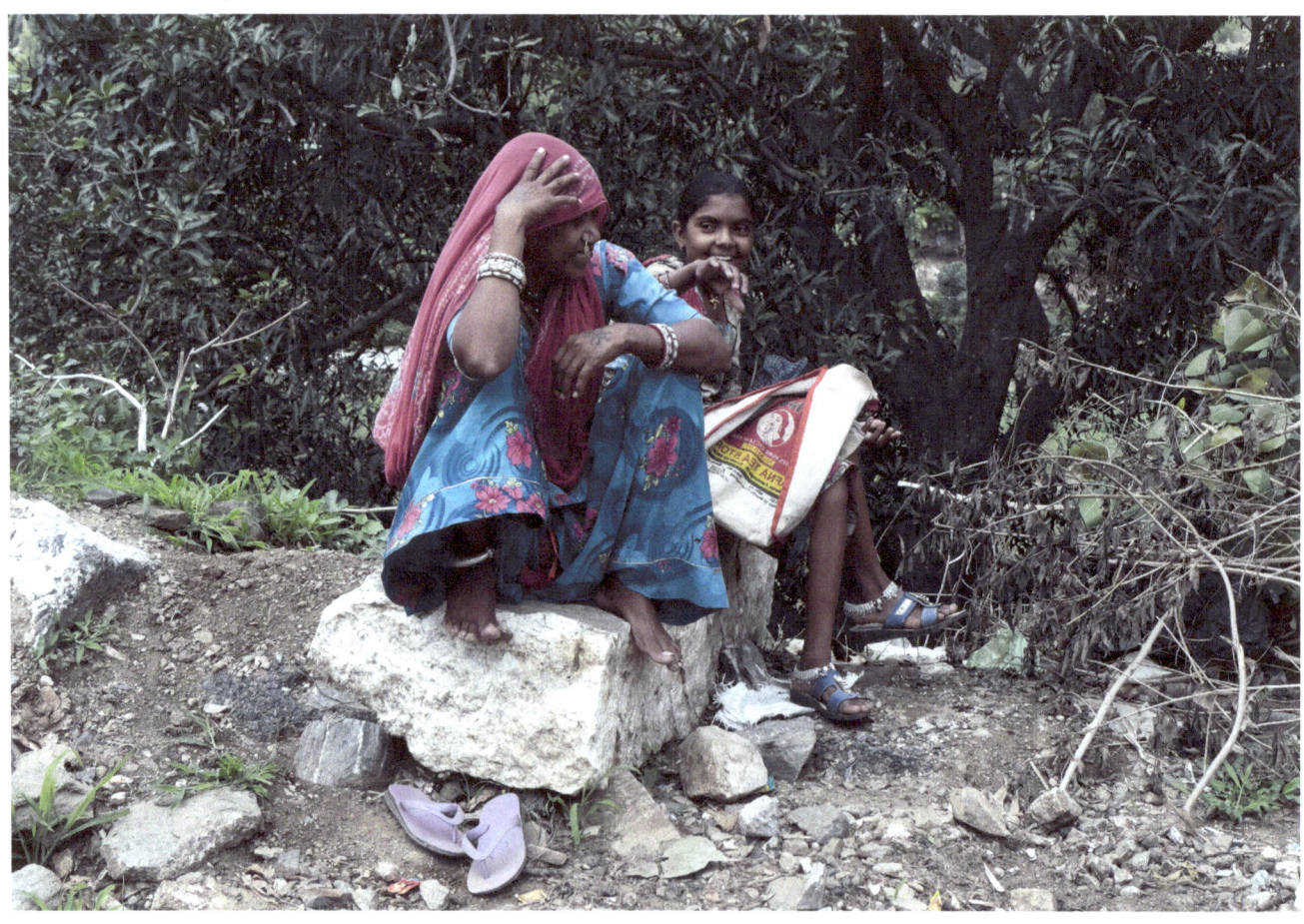

MUMBAI A DAY 2

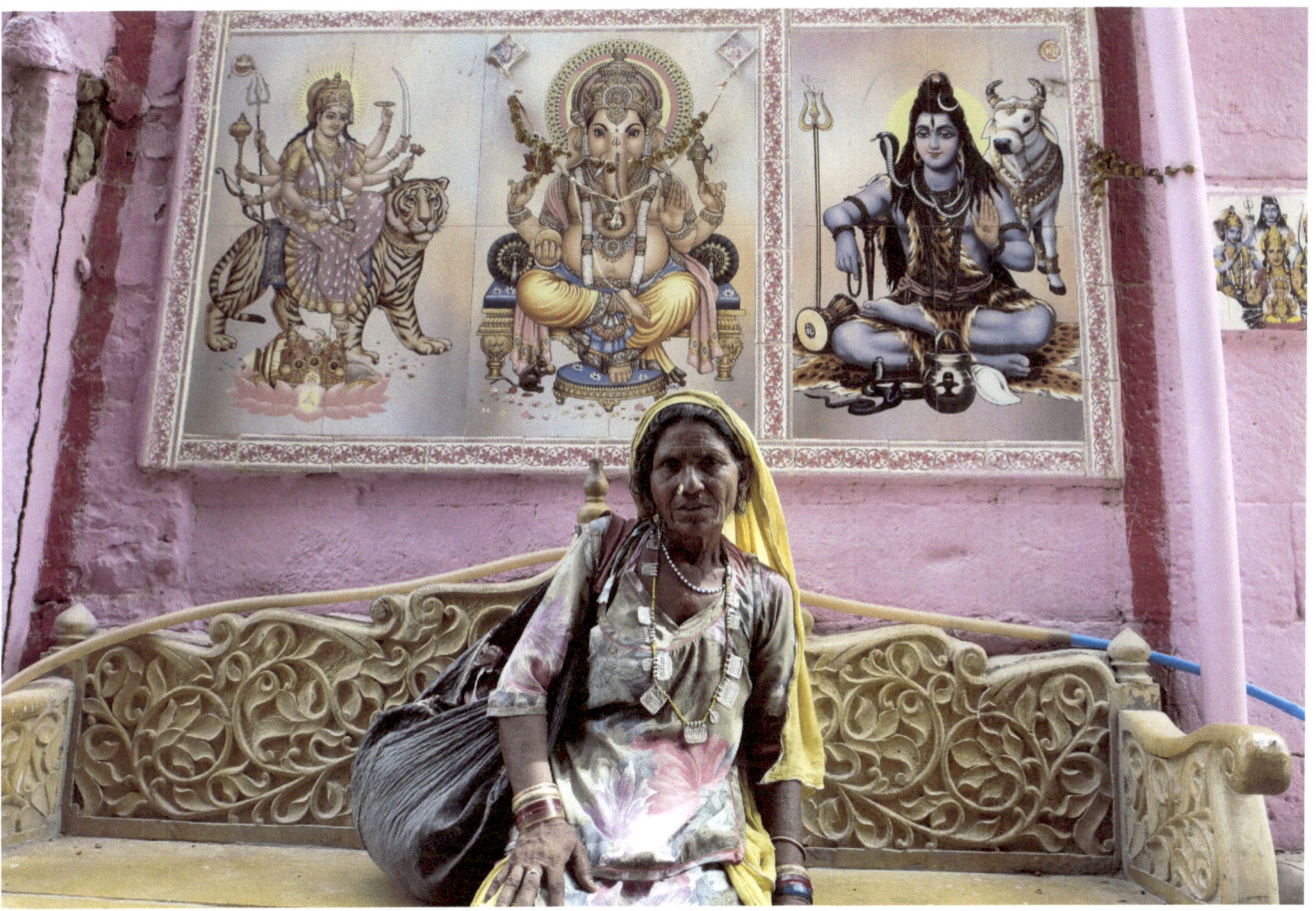

MUMBAI A DAY 2
MUMBAI A DAY 2

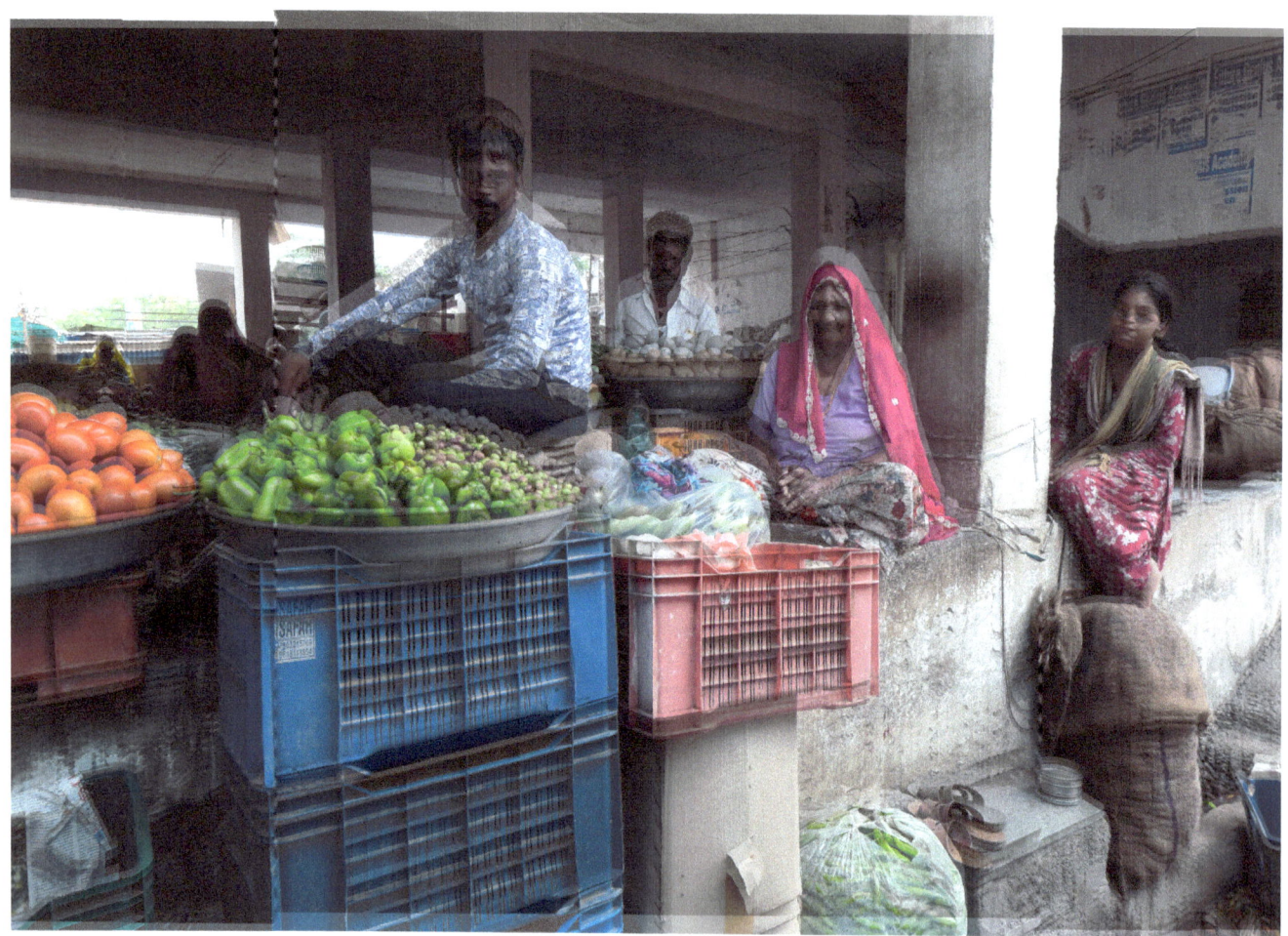

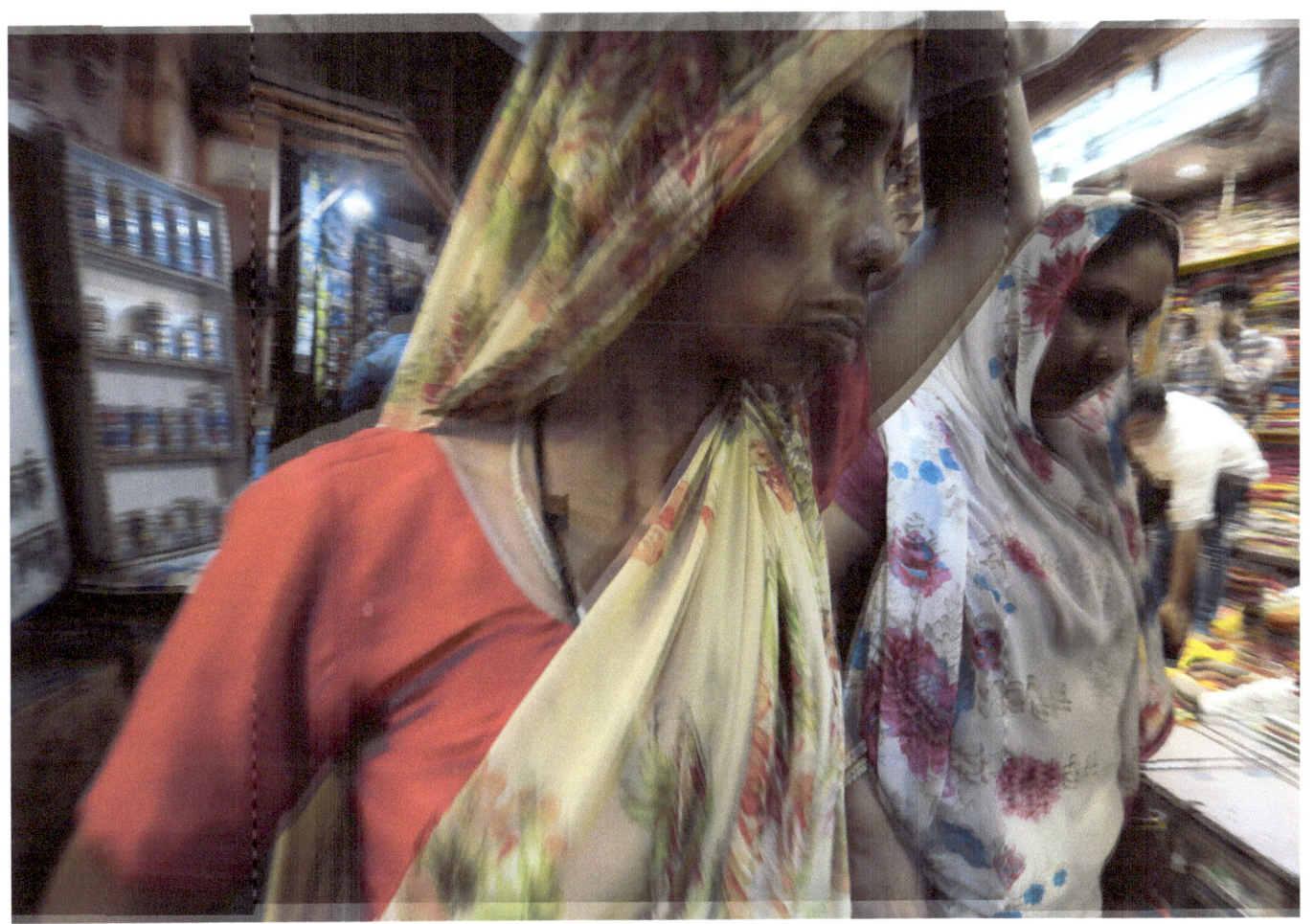

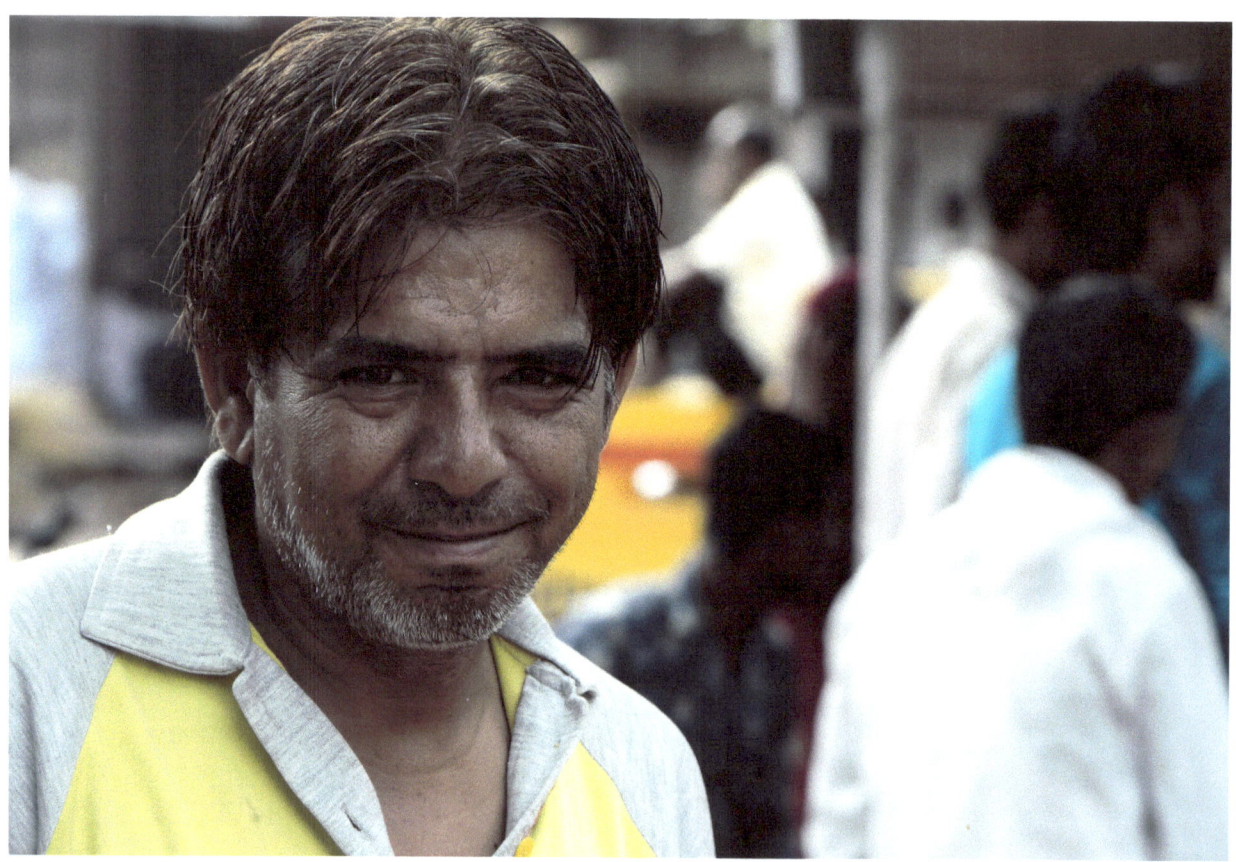

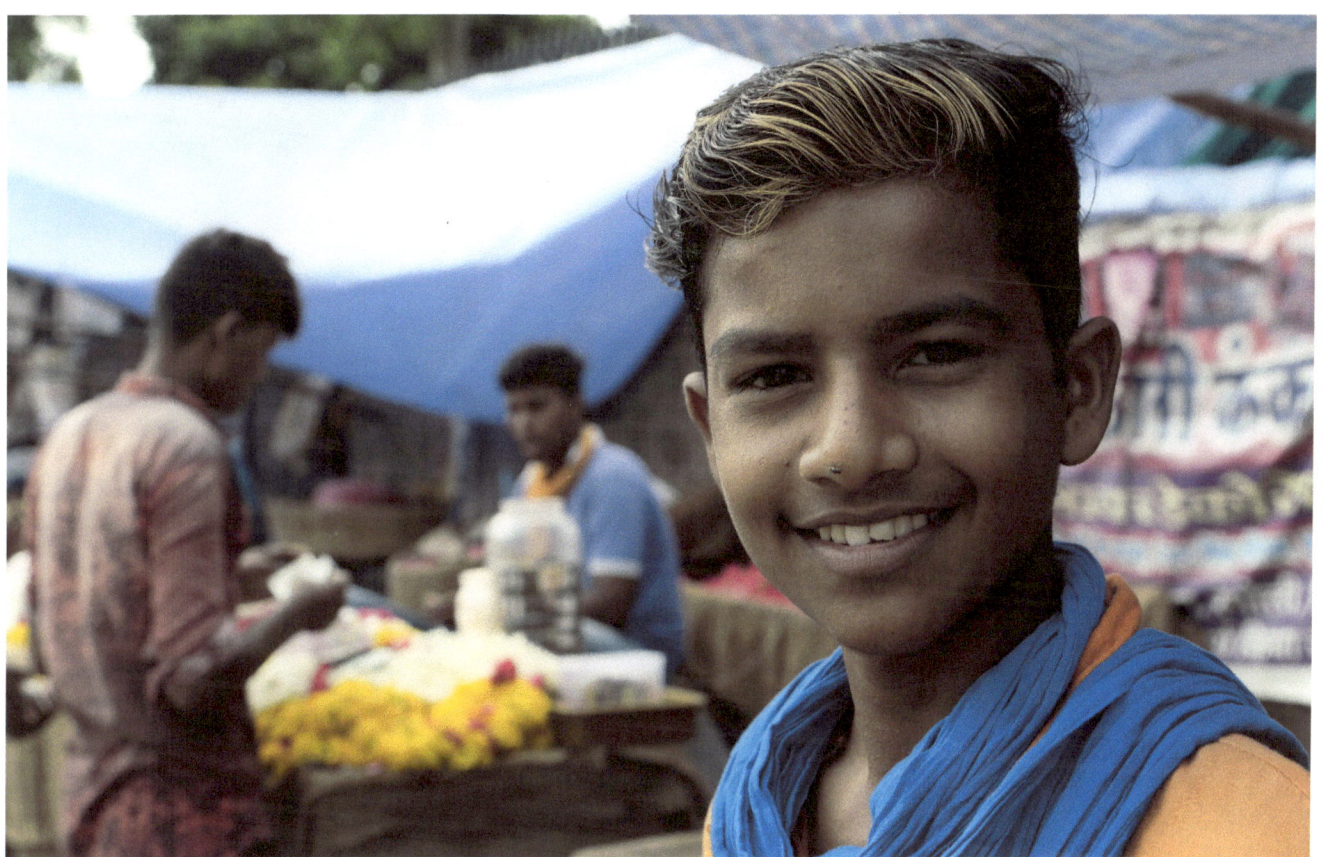

MUMBAI A DAY 2
MUMBAI A DAY 2

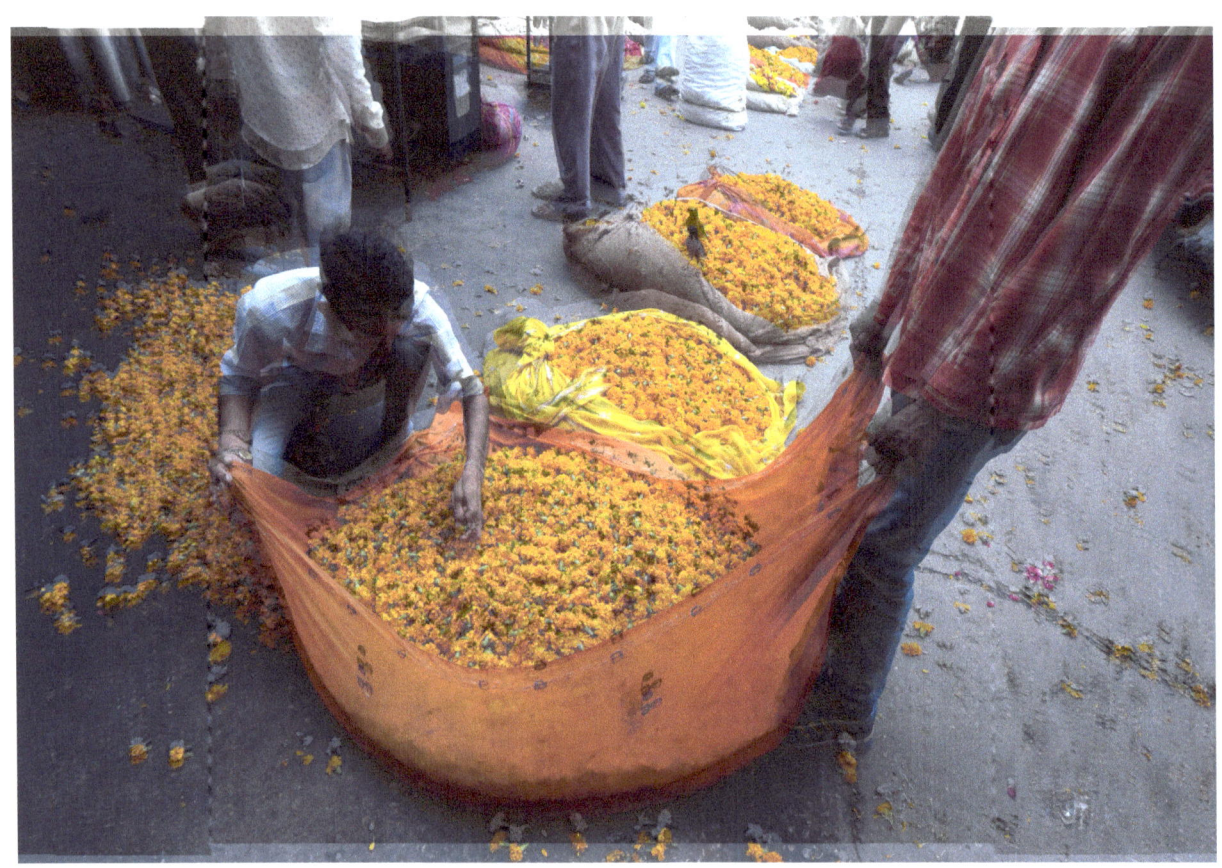

MUMBAI A DAY 2

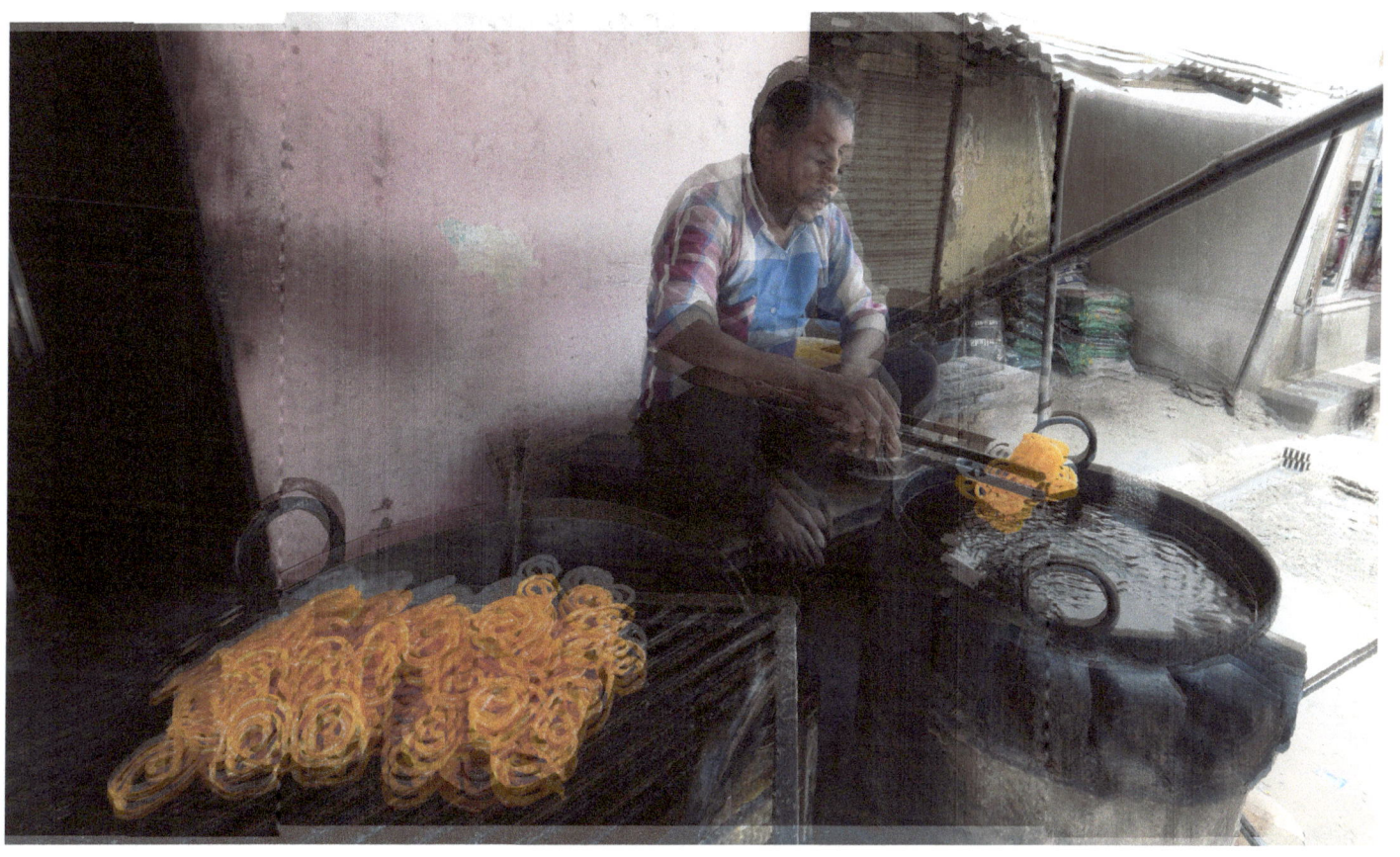

MUMBAI A DAY 2

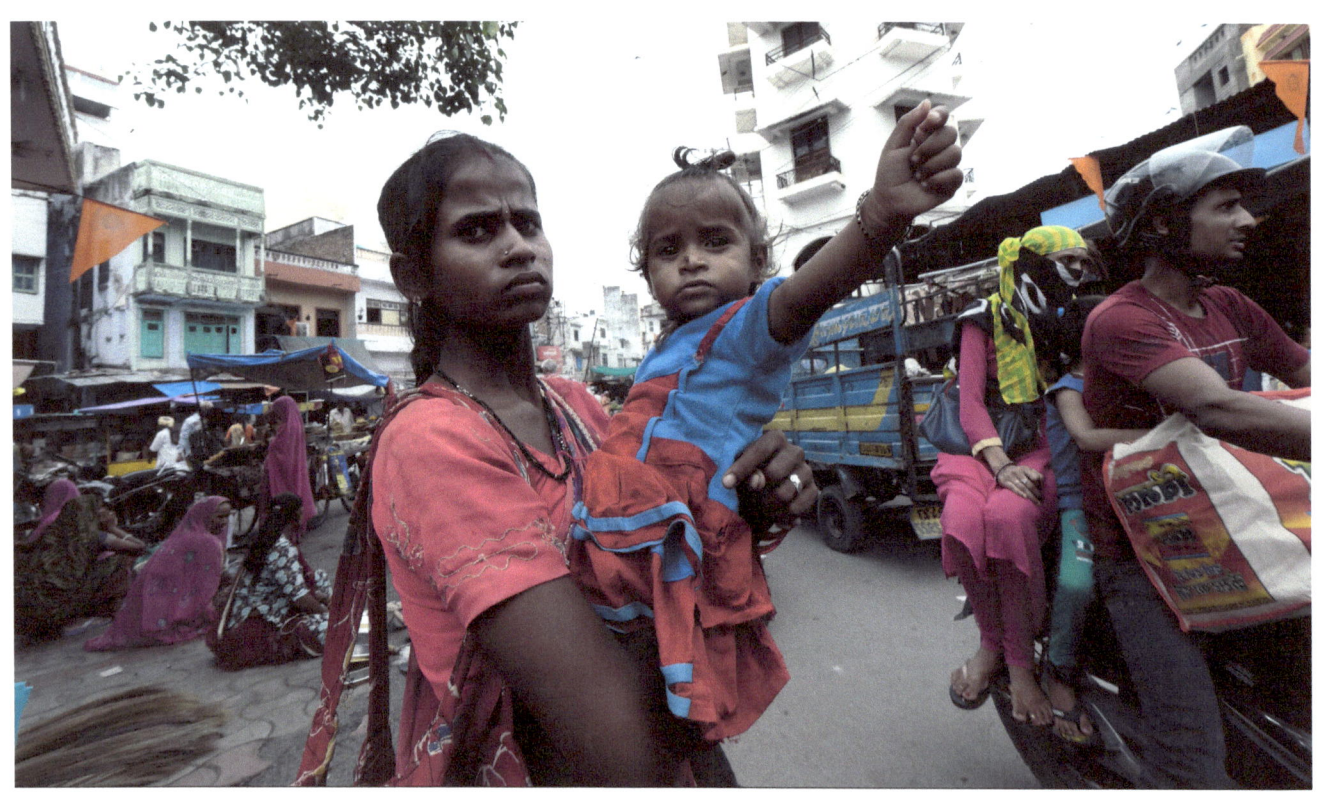

MUMBAI A DAY 2

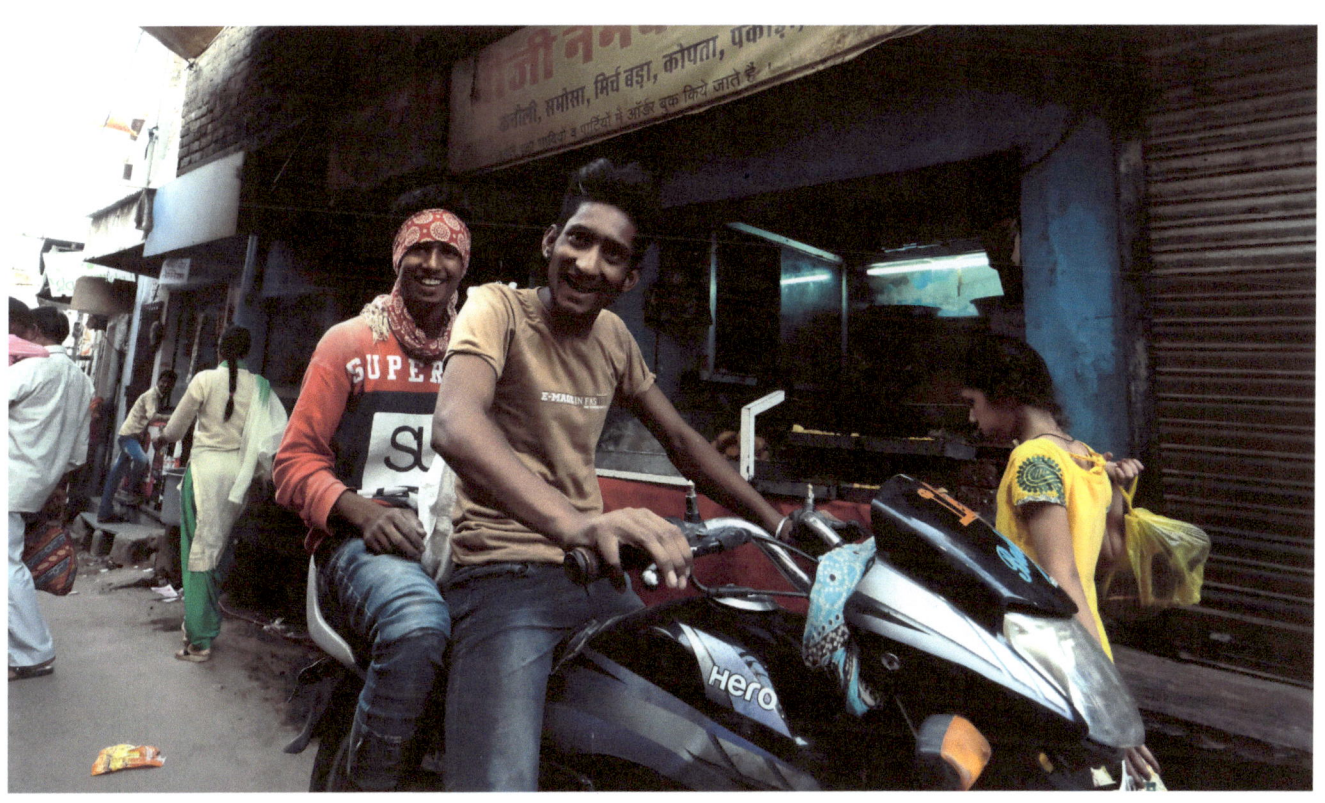

MUMBAI A DAY 2
MUMBAI A DAY 2

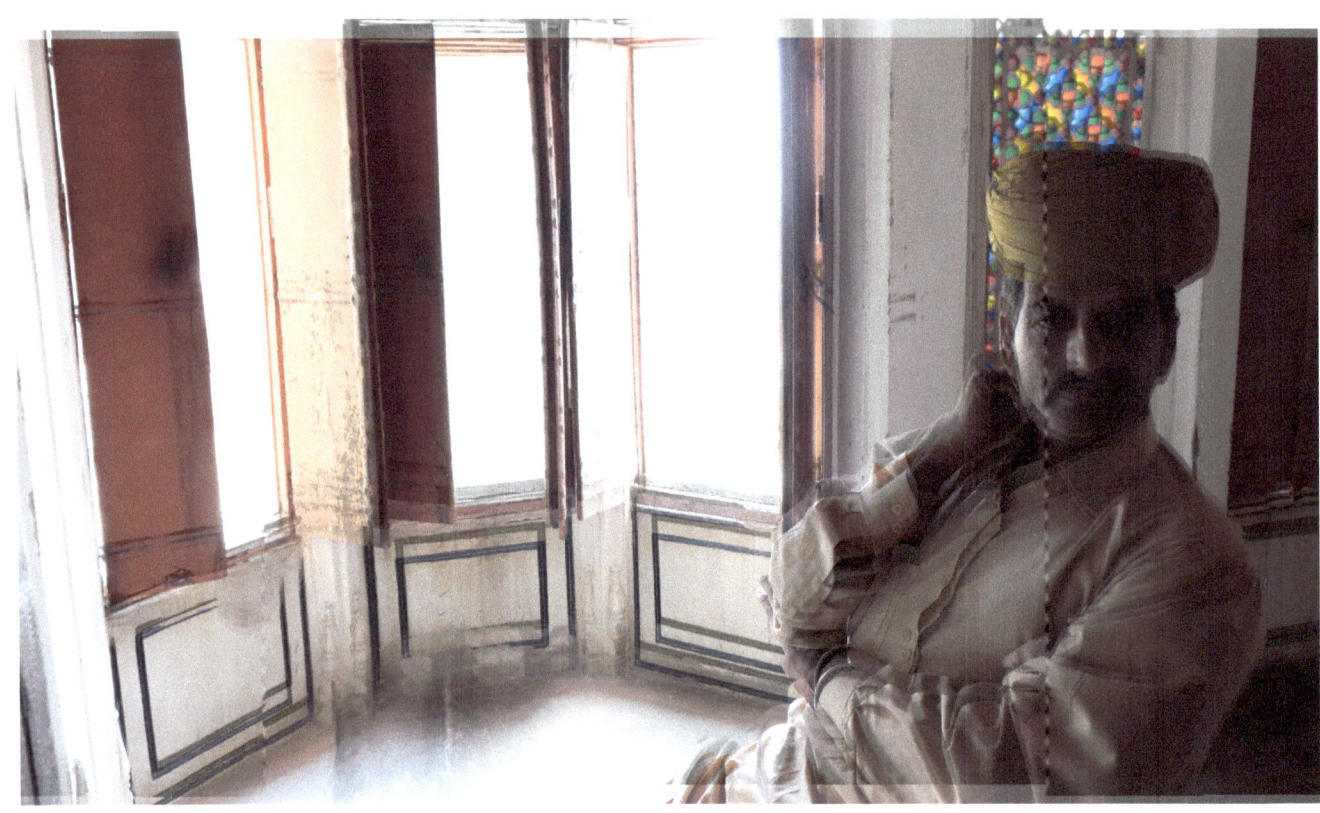

MUMBAI A DAY 2
MUMBAI A DAY 2

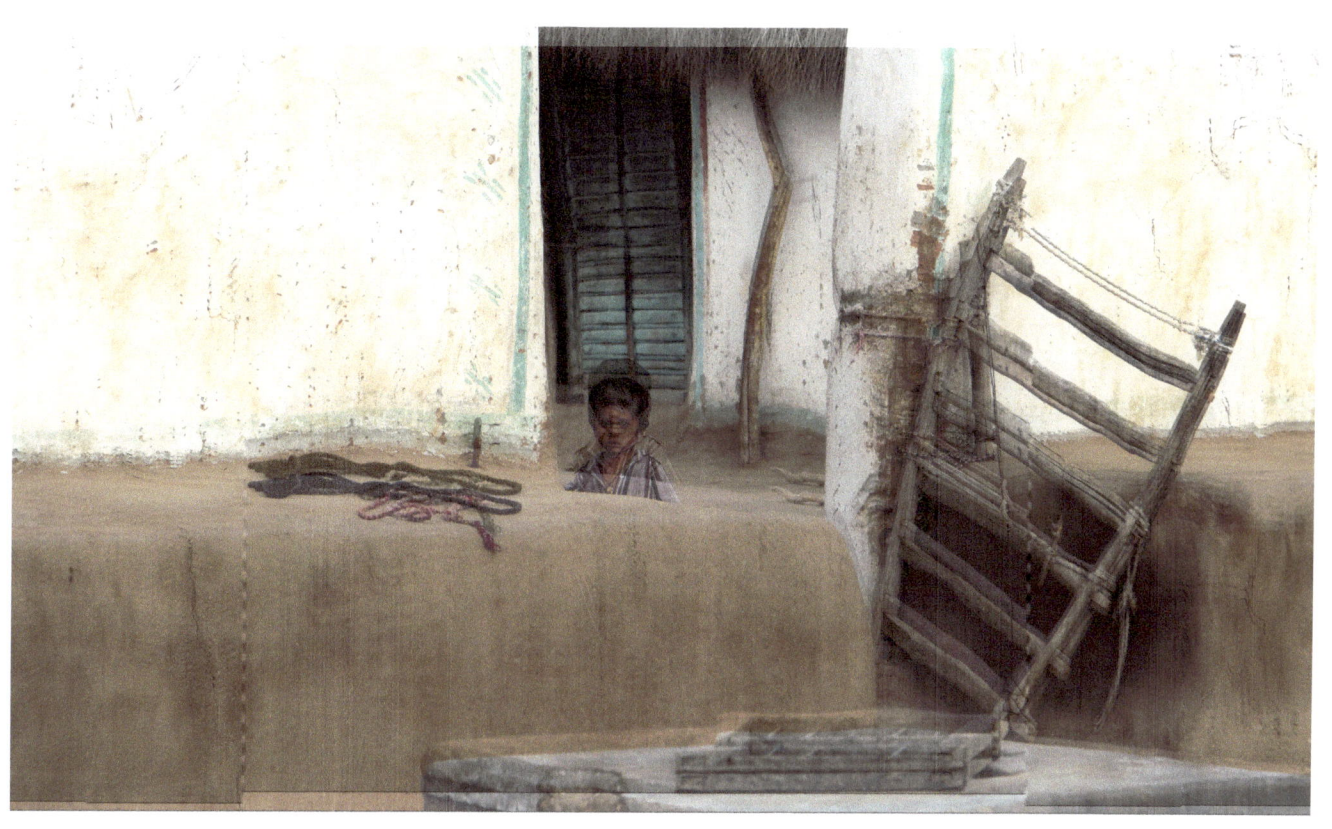

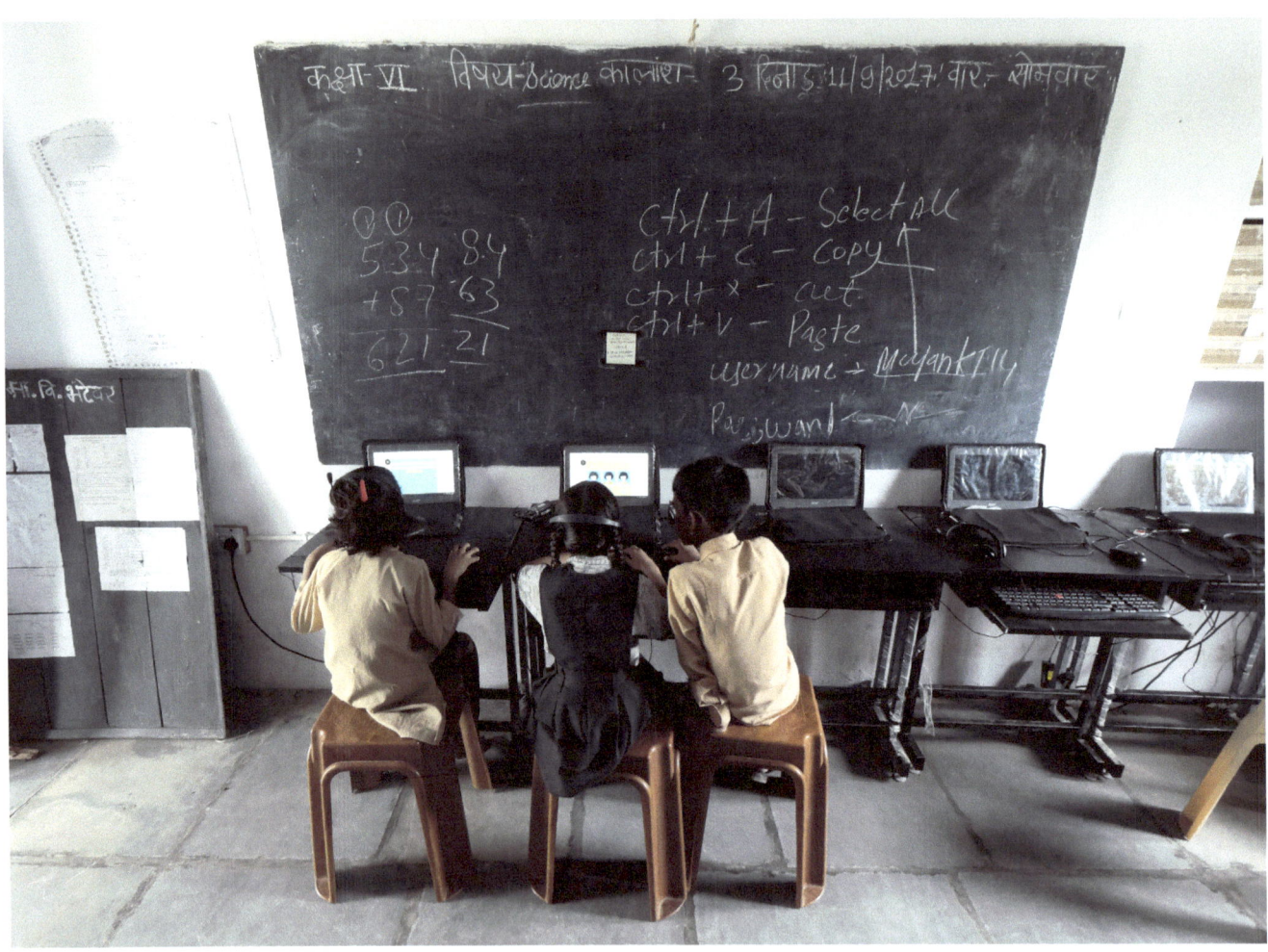

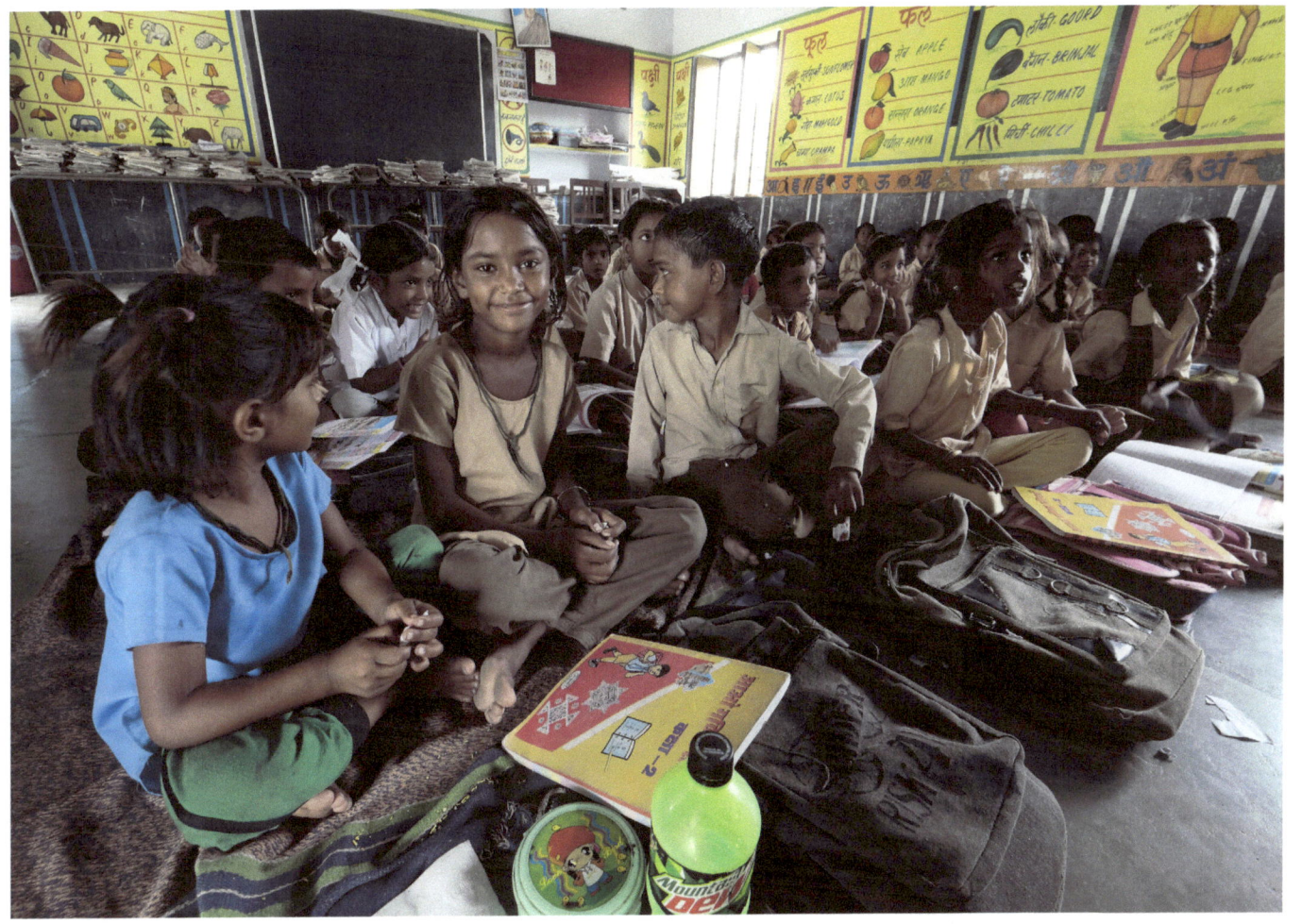

MUMBAI A DAY 2
MUMBAI A DAY 2

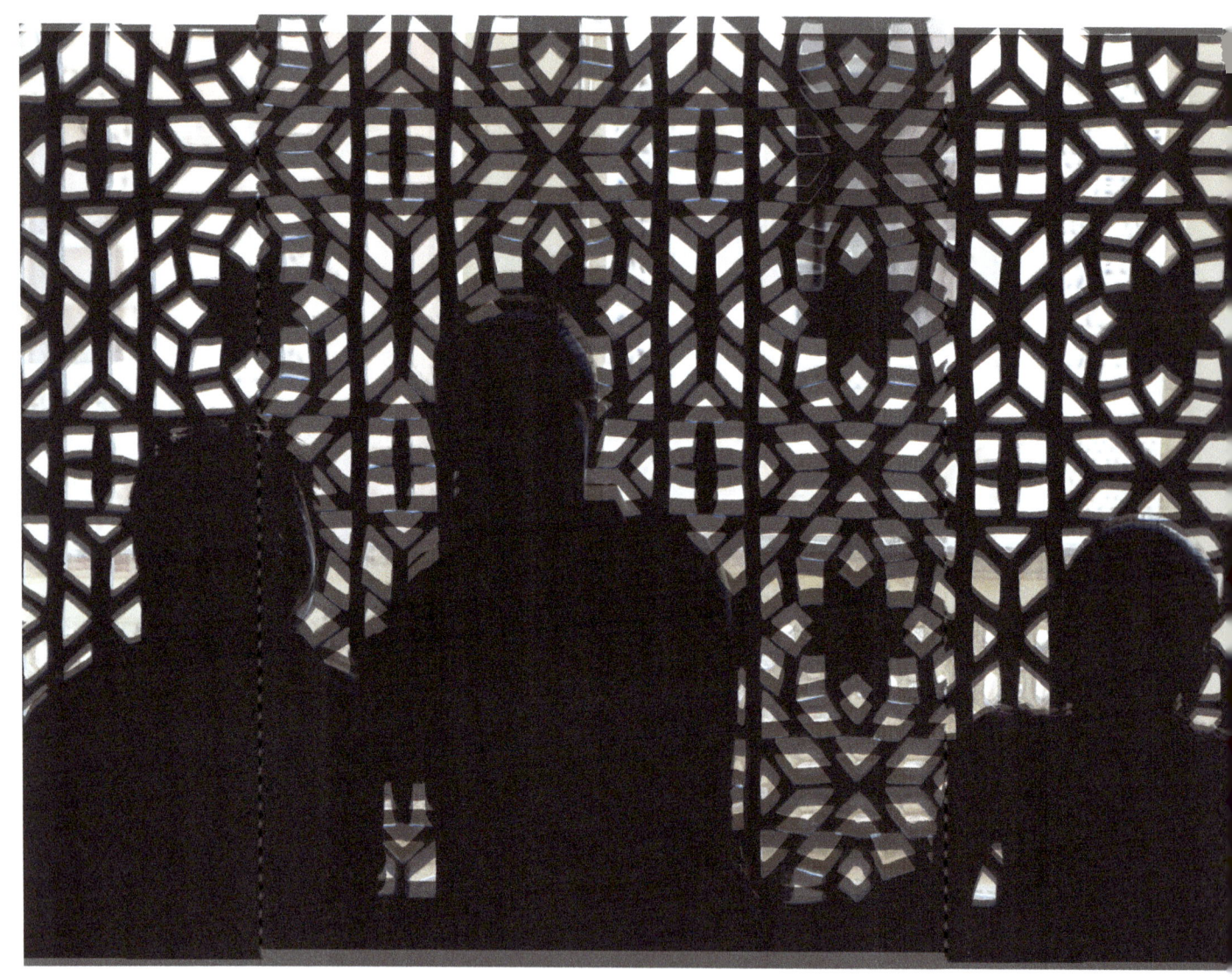

MUMBAI A DAY 2
MUMBAI A DAY 2

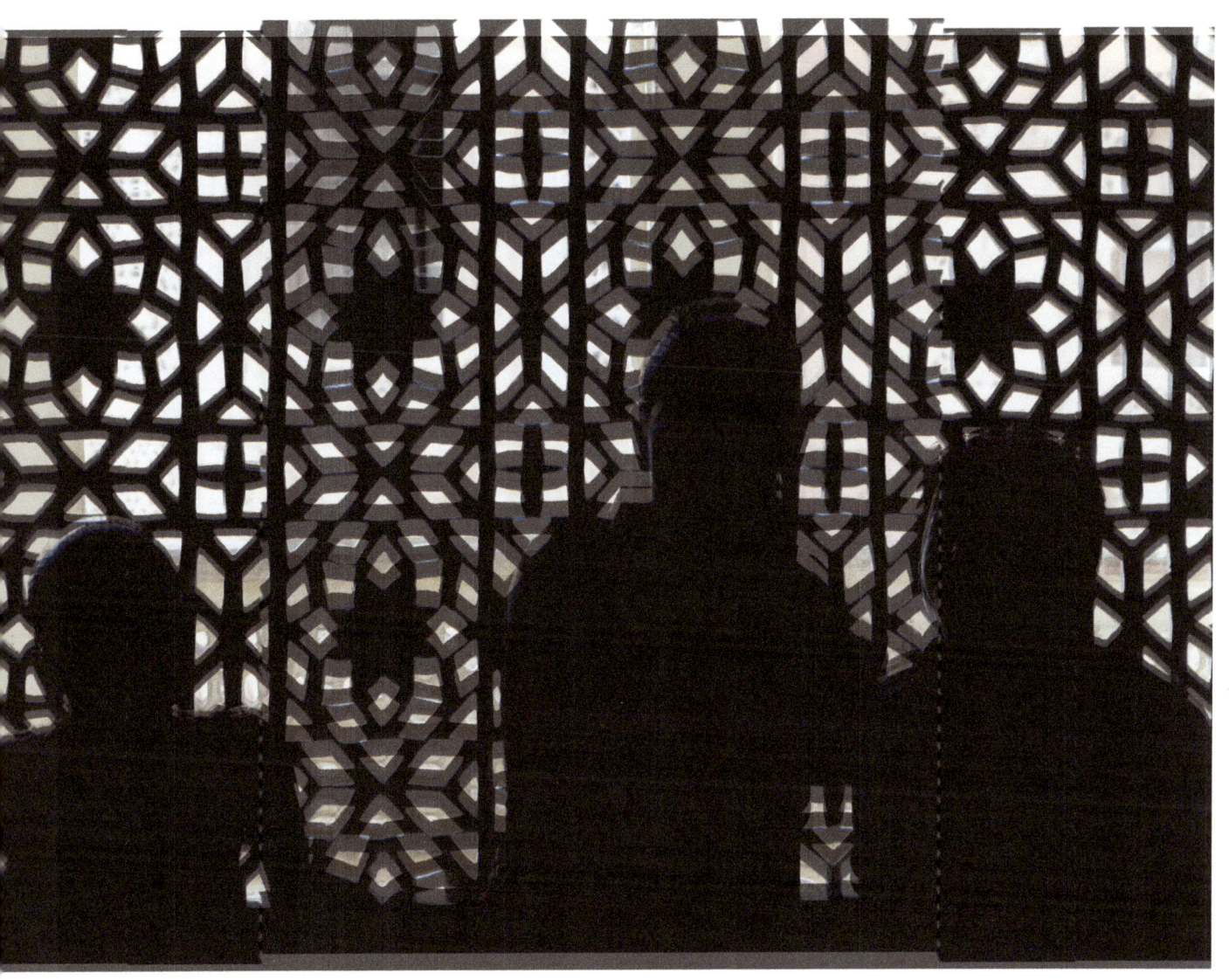

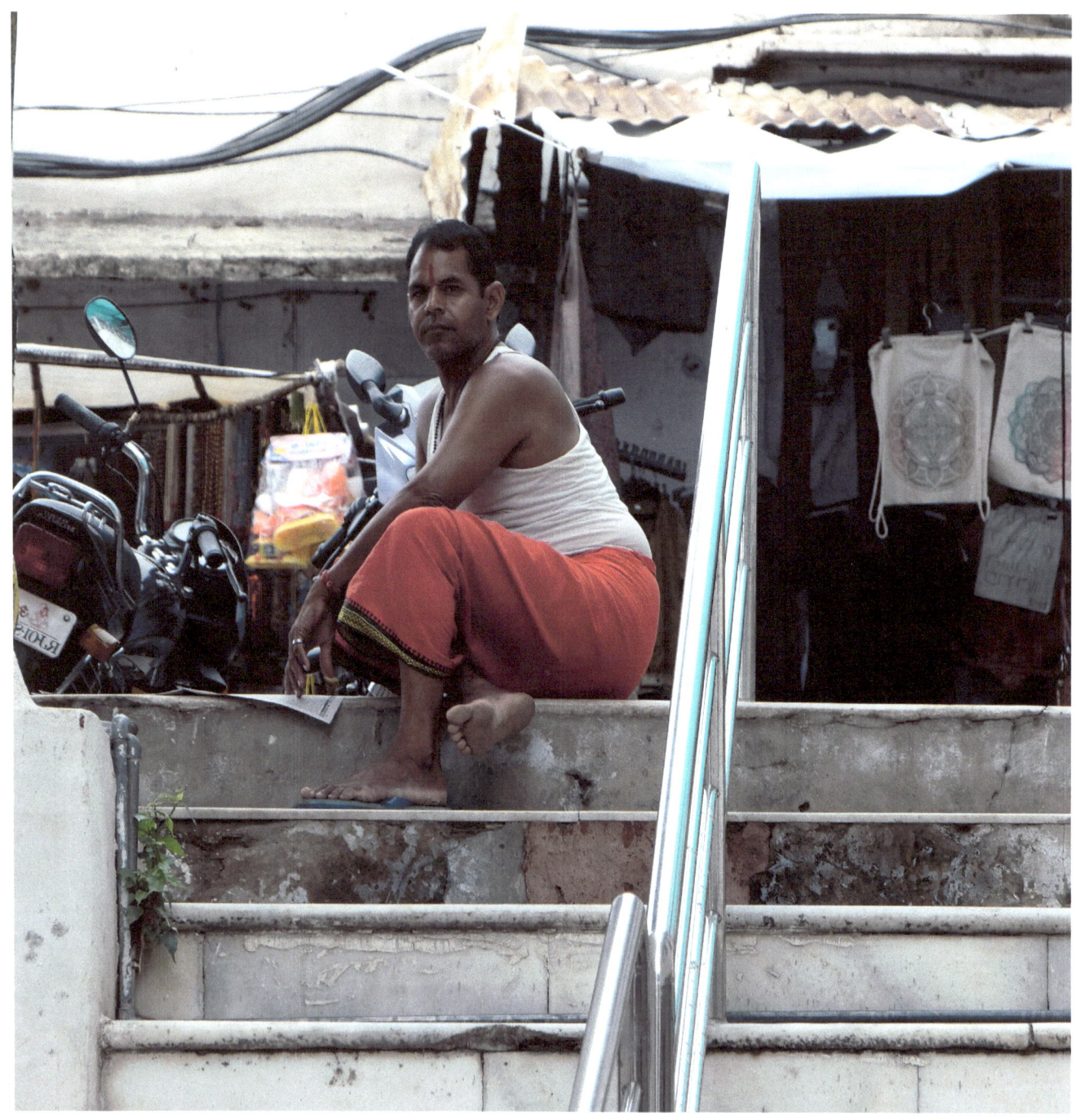

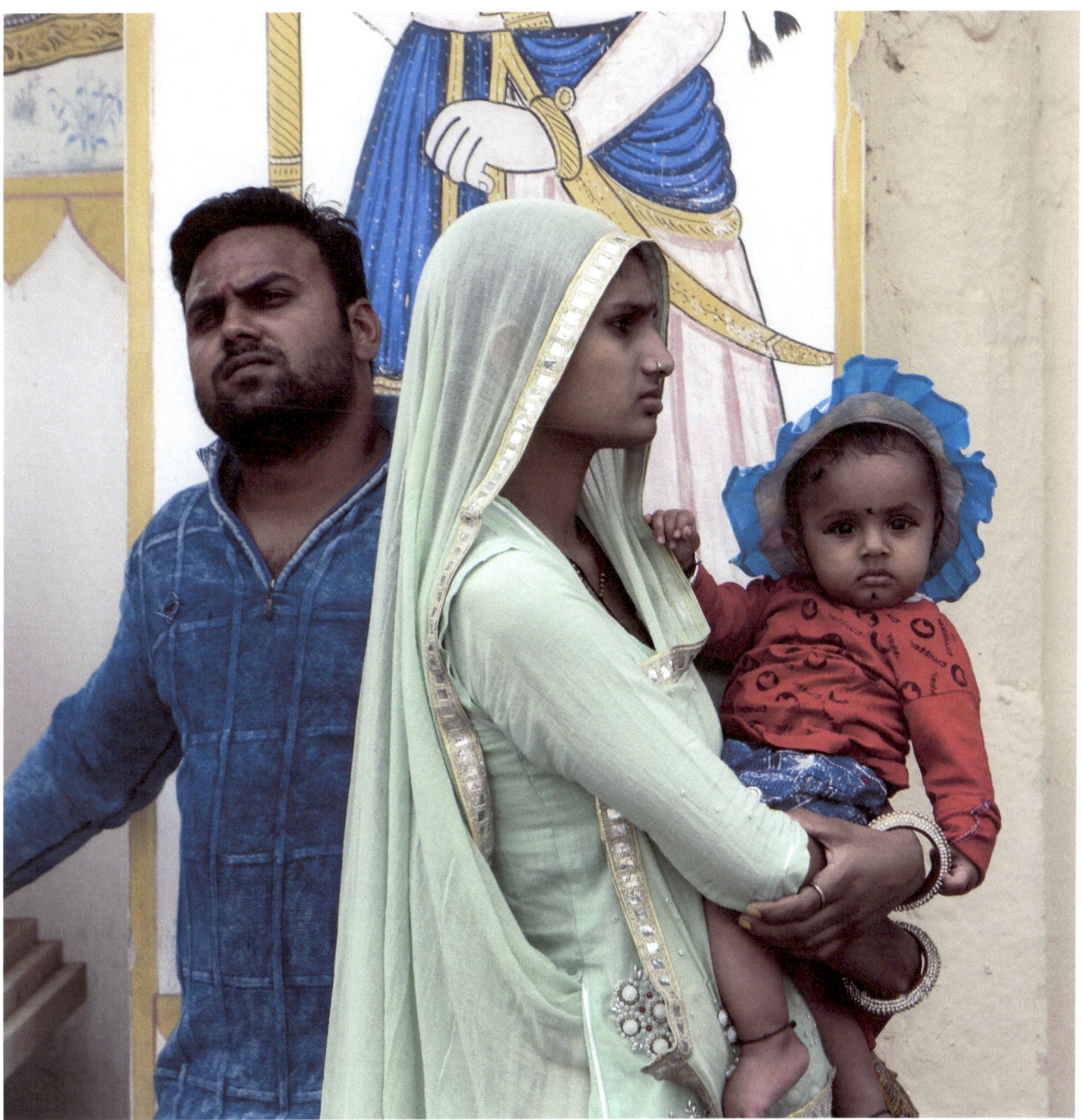

MUMBAI A DAY 2
MUMBAI A DAY 2

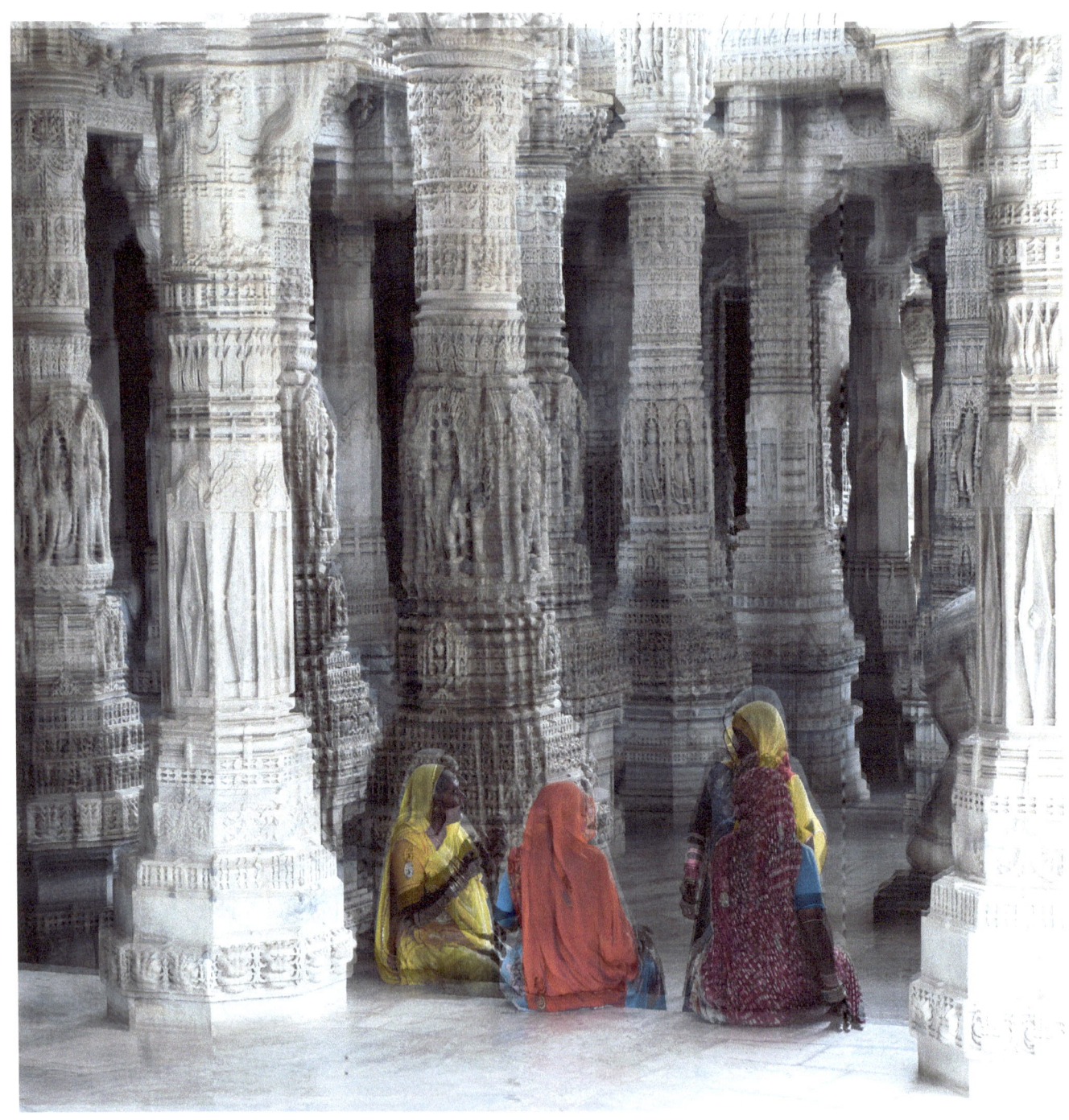

MUMBAI A DAY 2
MUMBAI A DAY 2

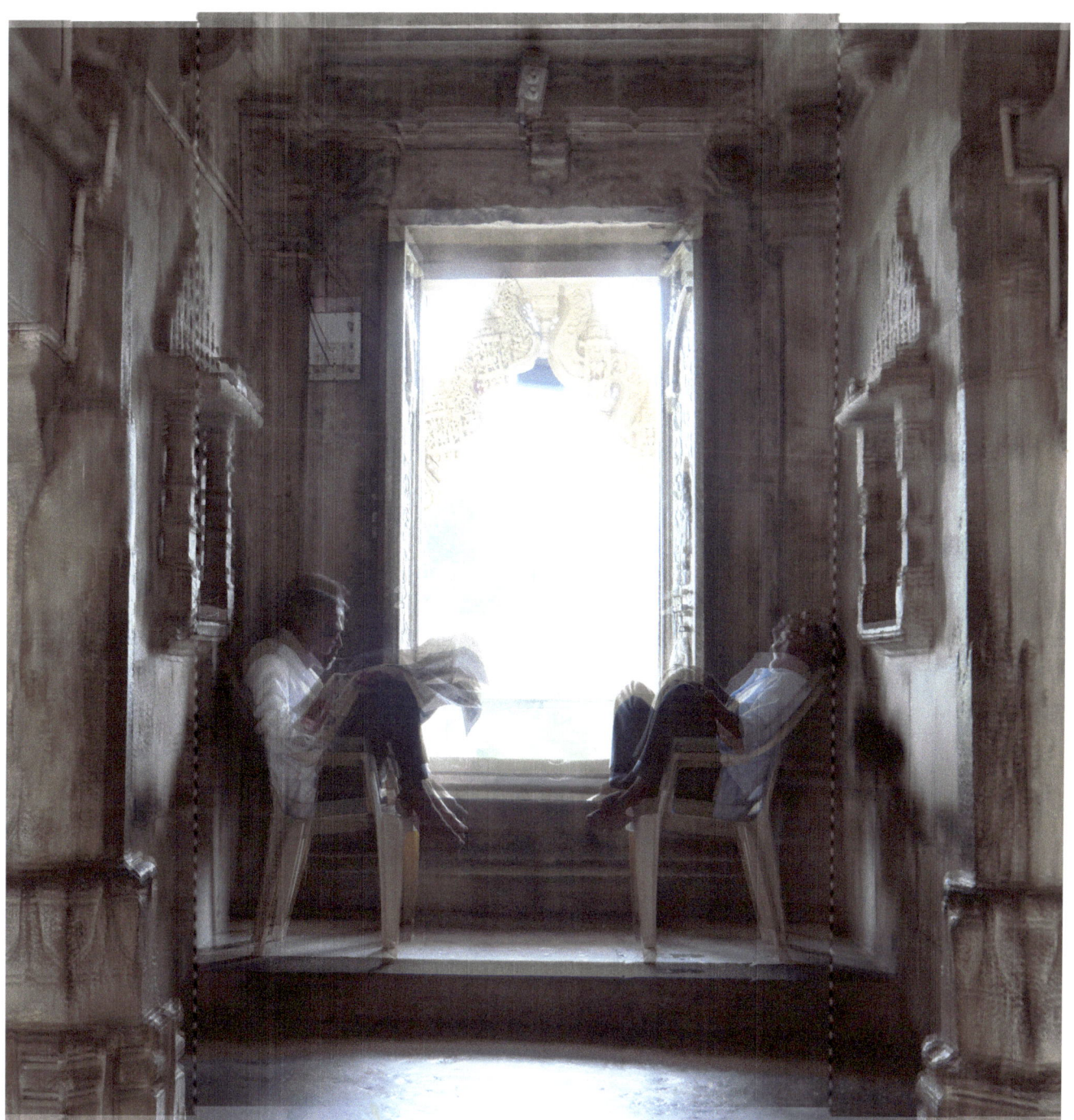

MUMBAI A DAY 2

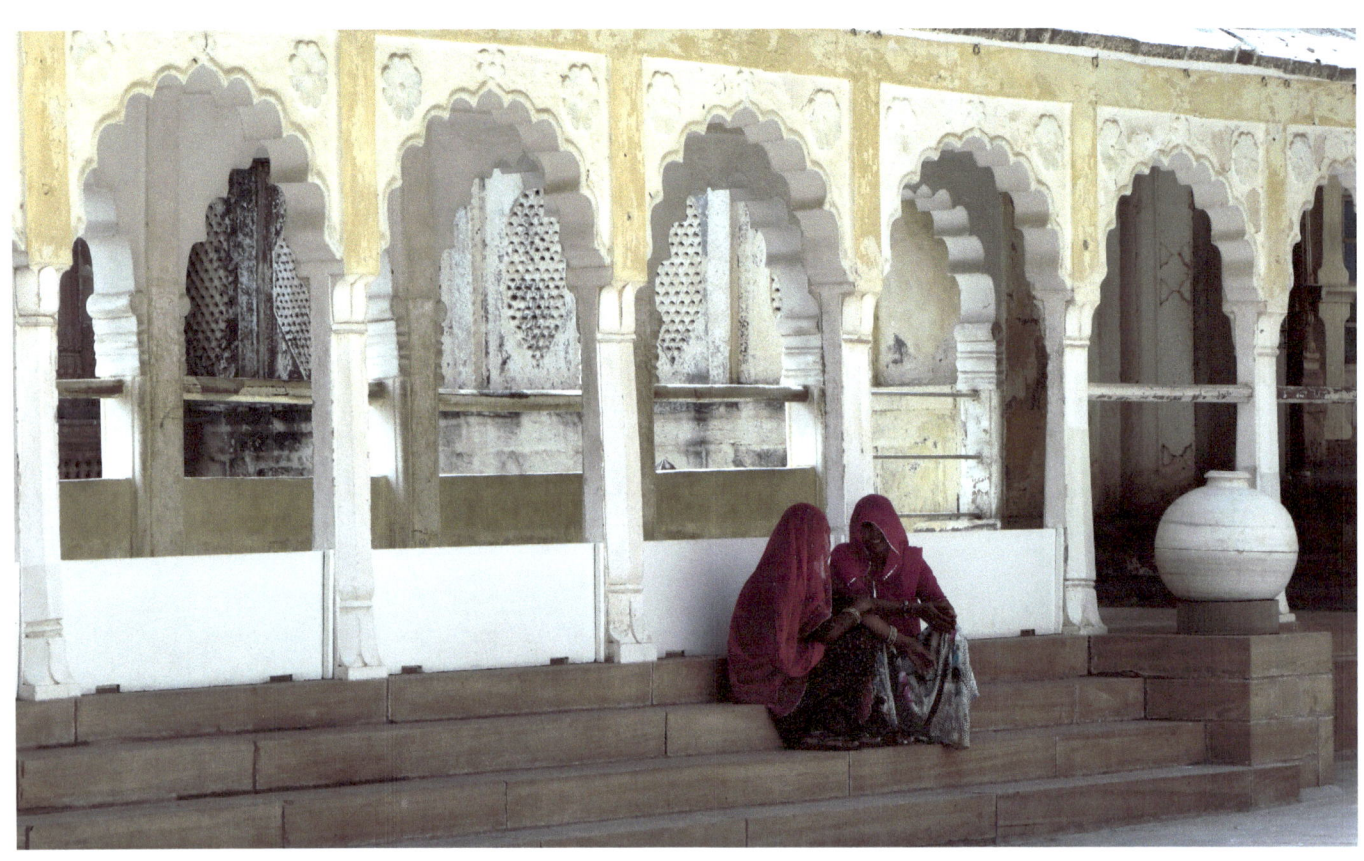

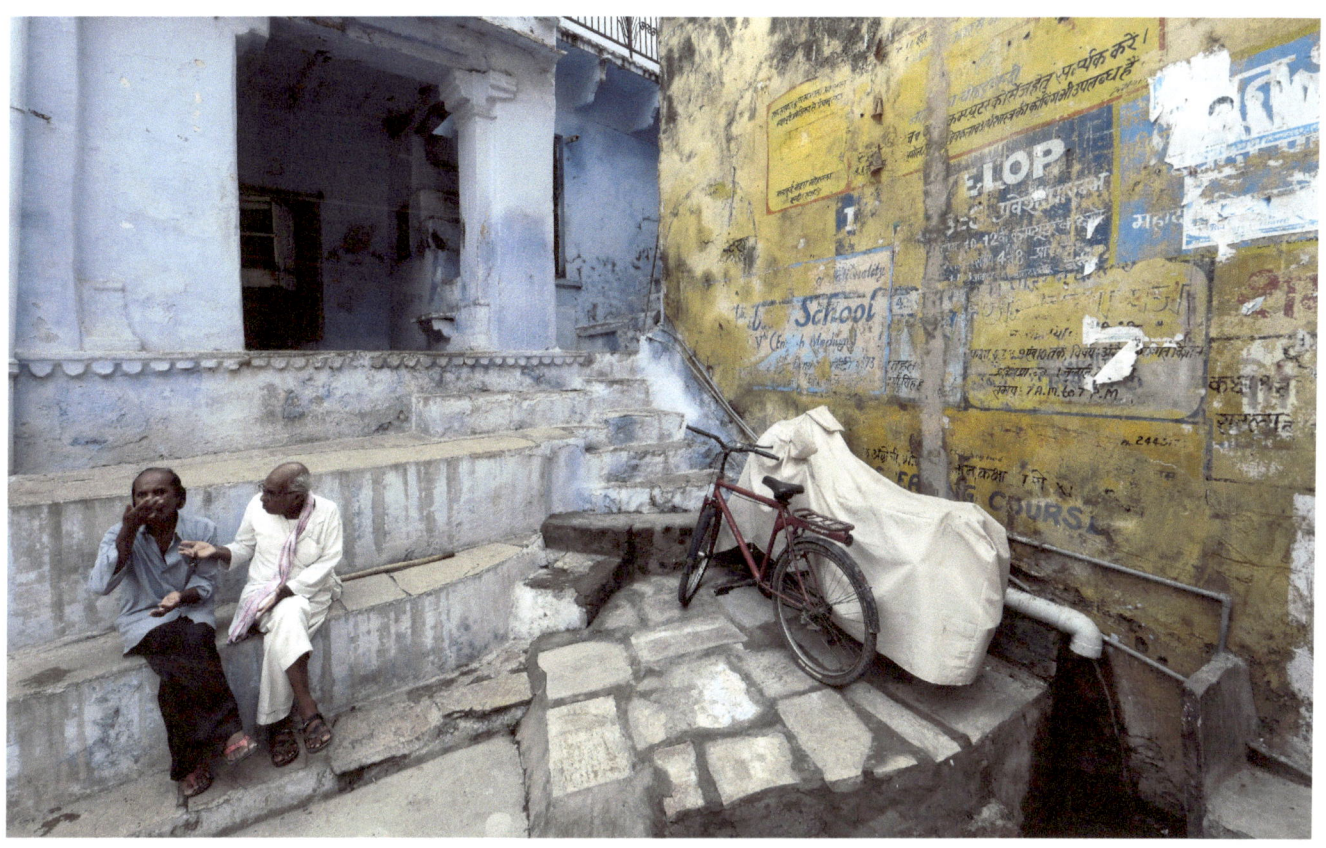

MUMBAI A DAY 2
MUMBAI A DAY 2

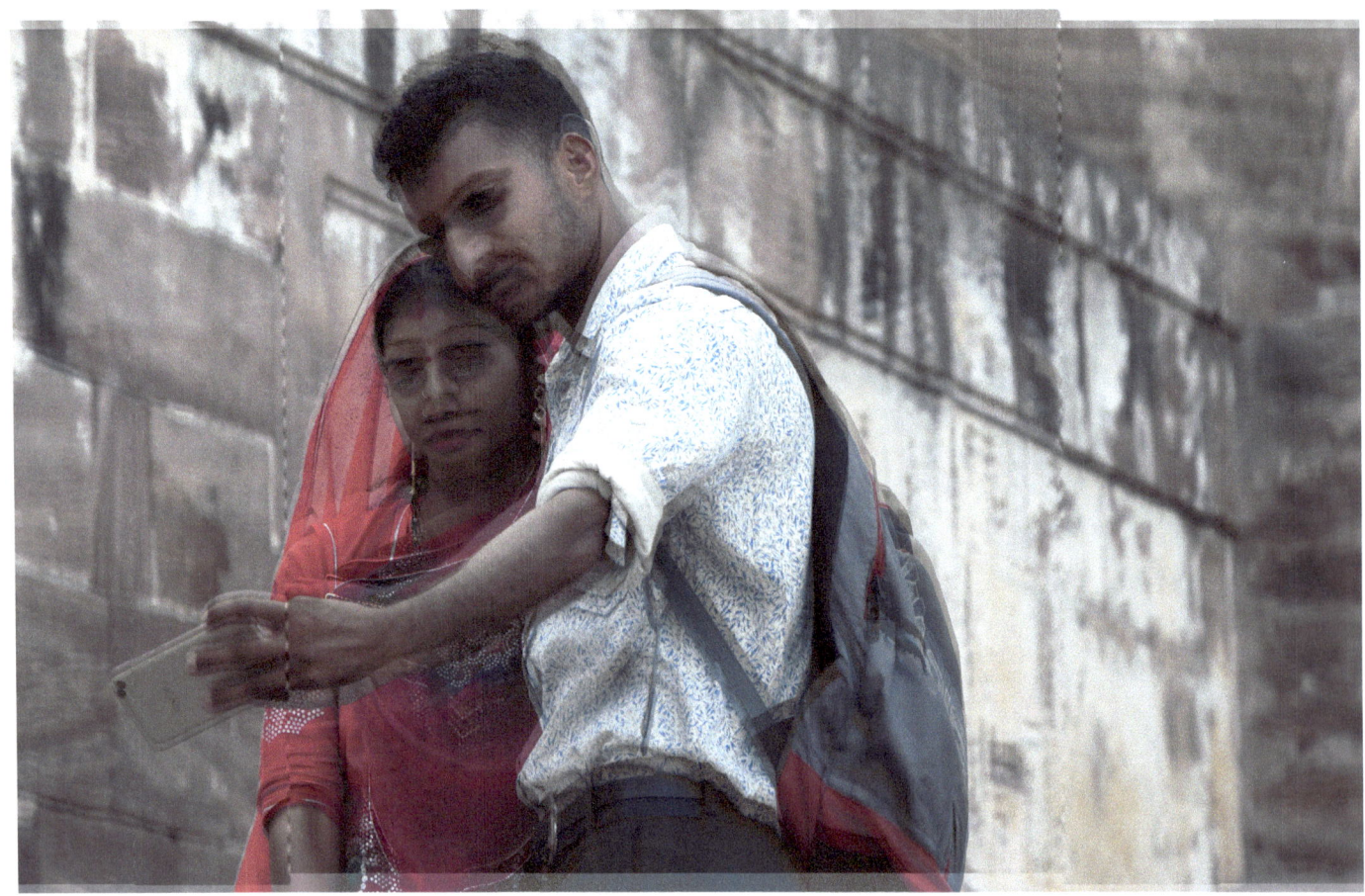

MUMBAI A DAY 2
MUMBAI A DAY 2

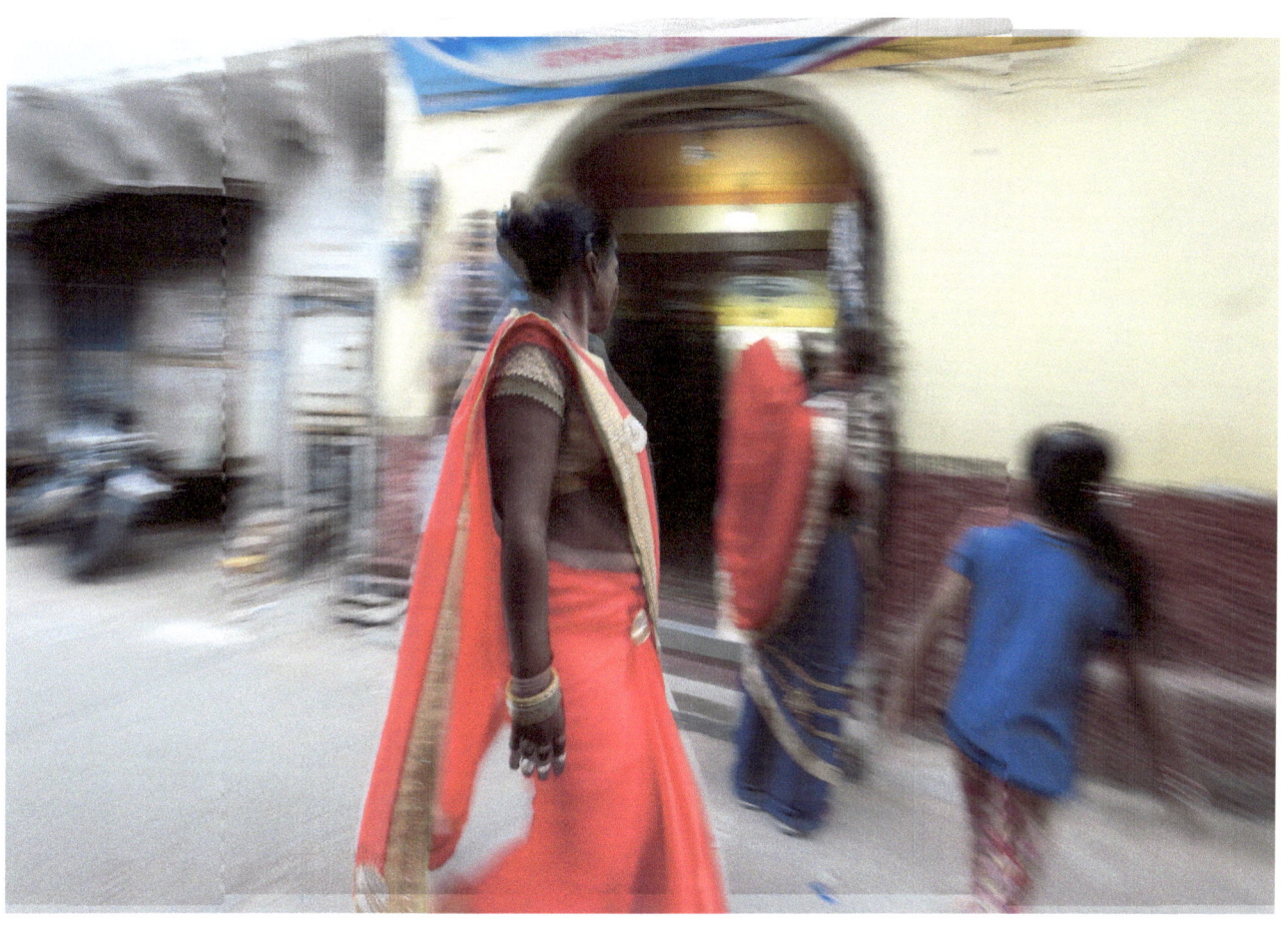

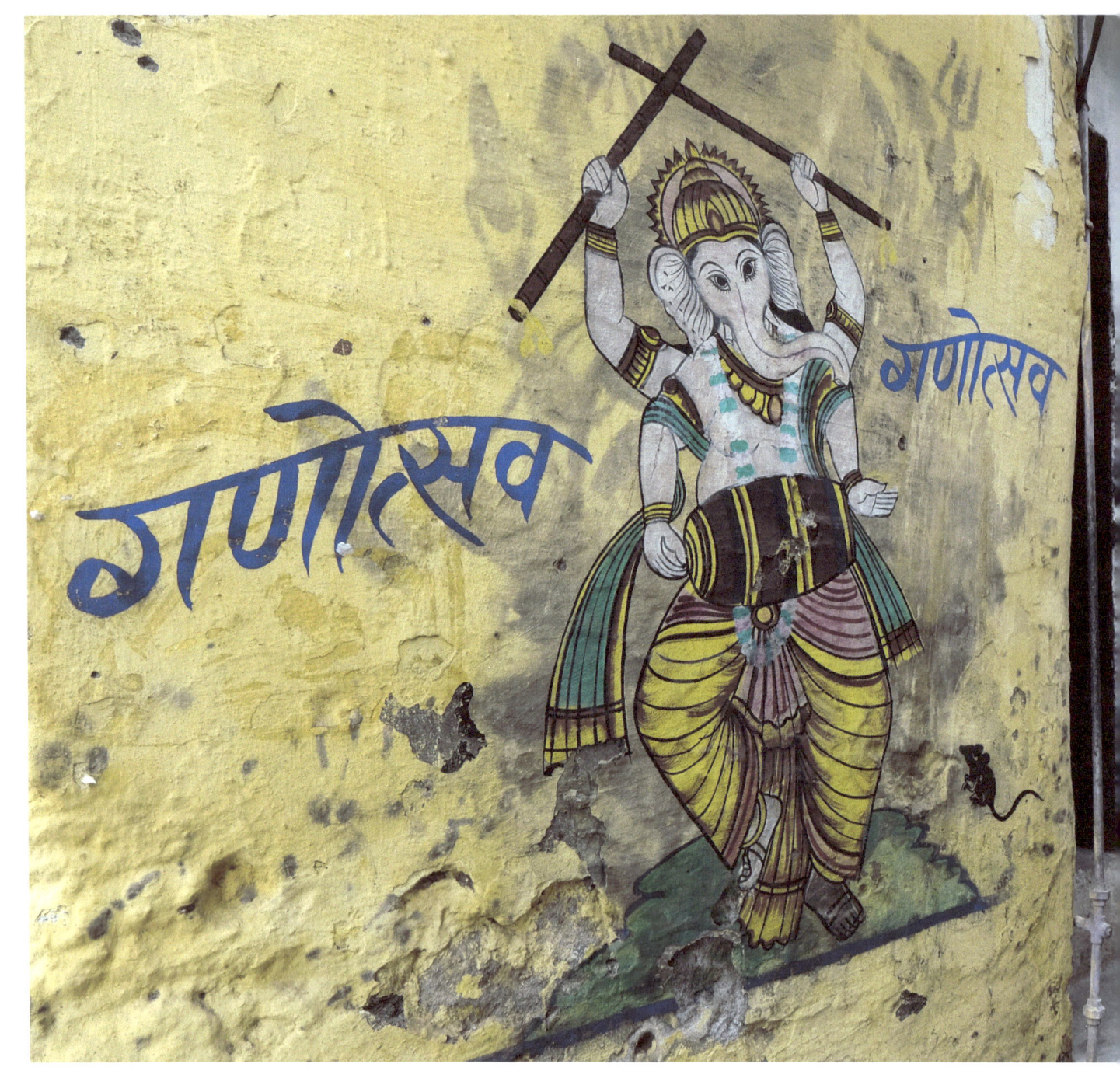

MUMBAI A DAY 2

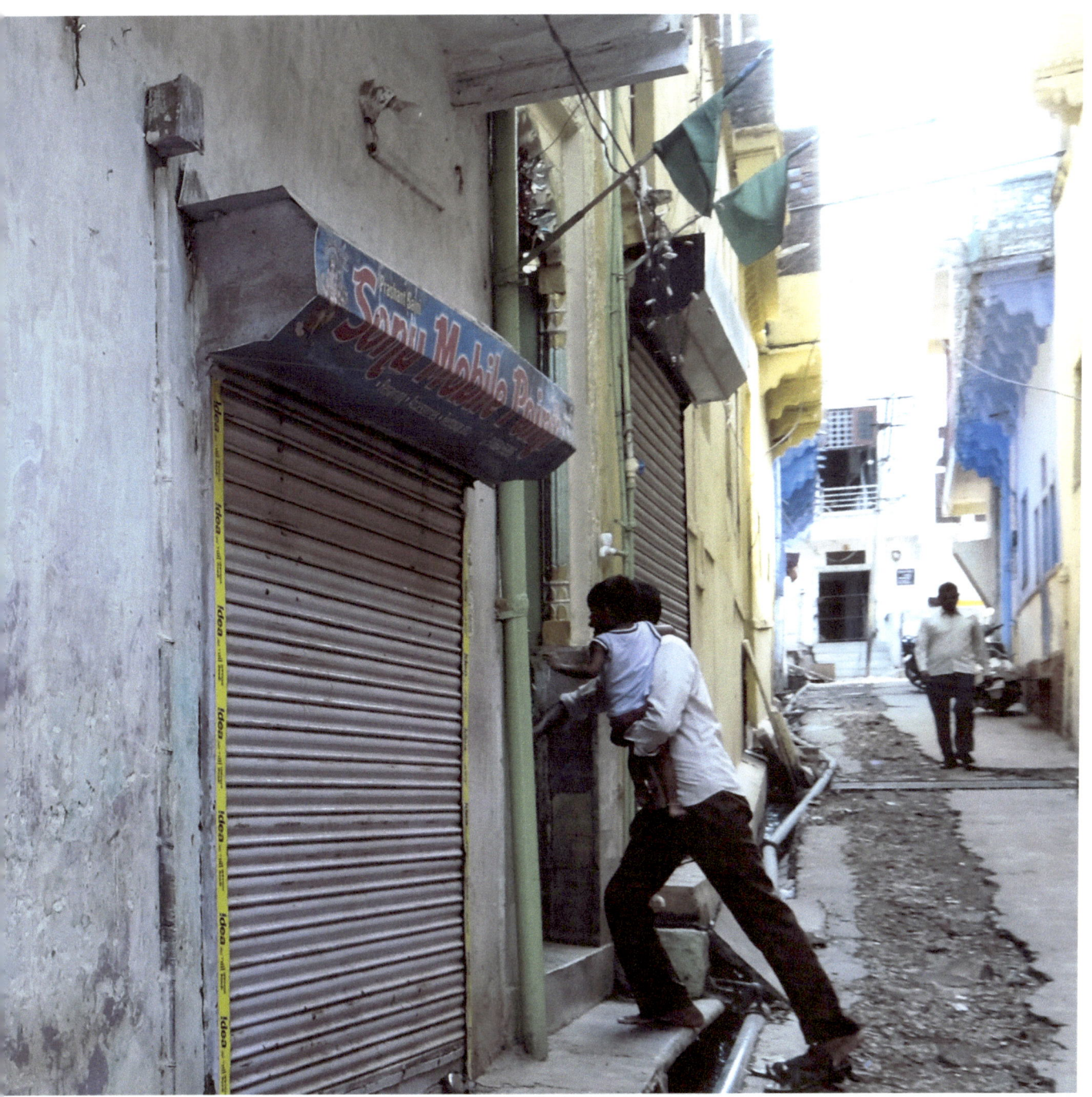

MUMBAI A DAY 2
MUMBAI A DAY 2

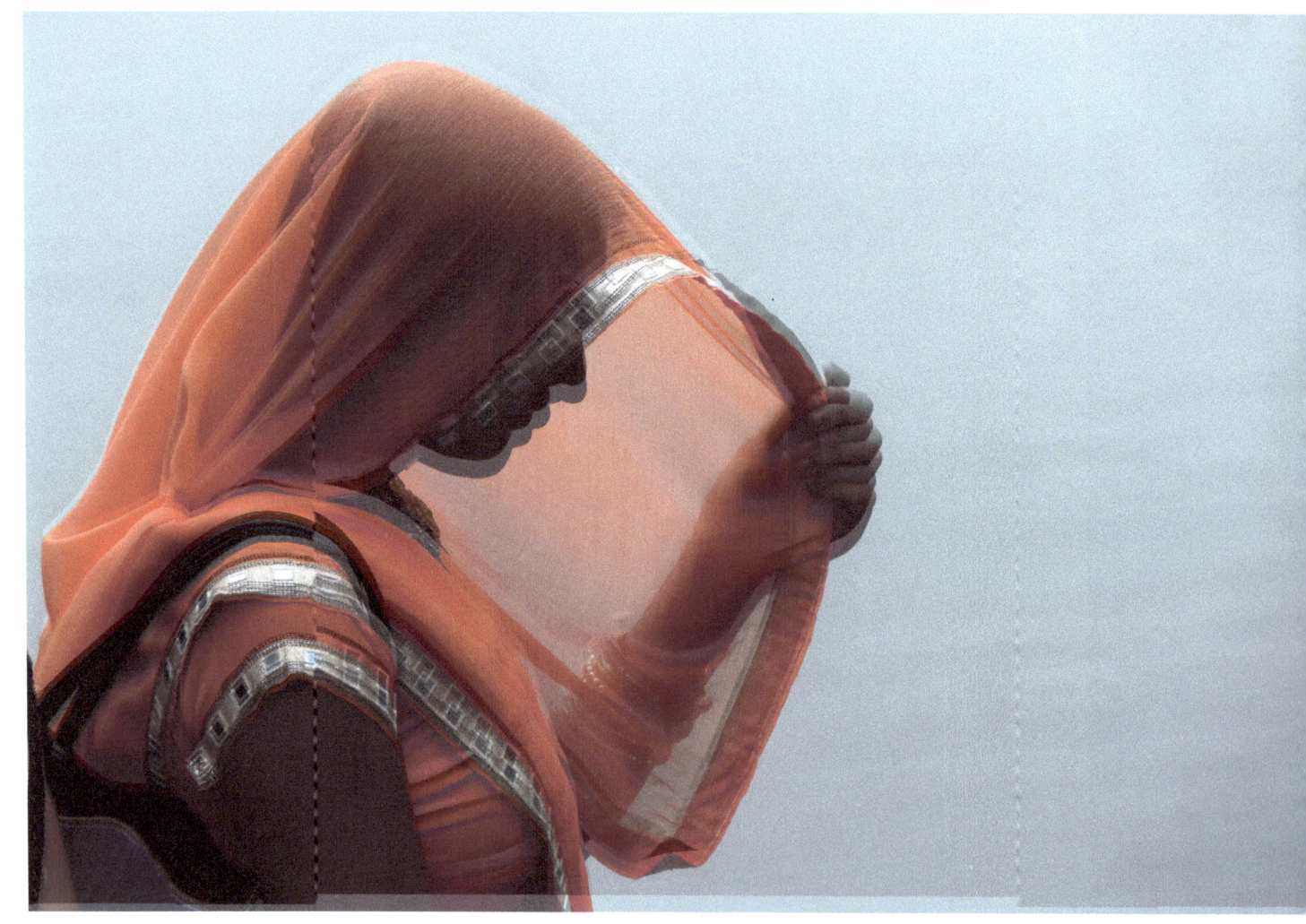

MUMBAI A DAY 2
MUMBAI A DAY 2

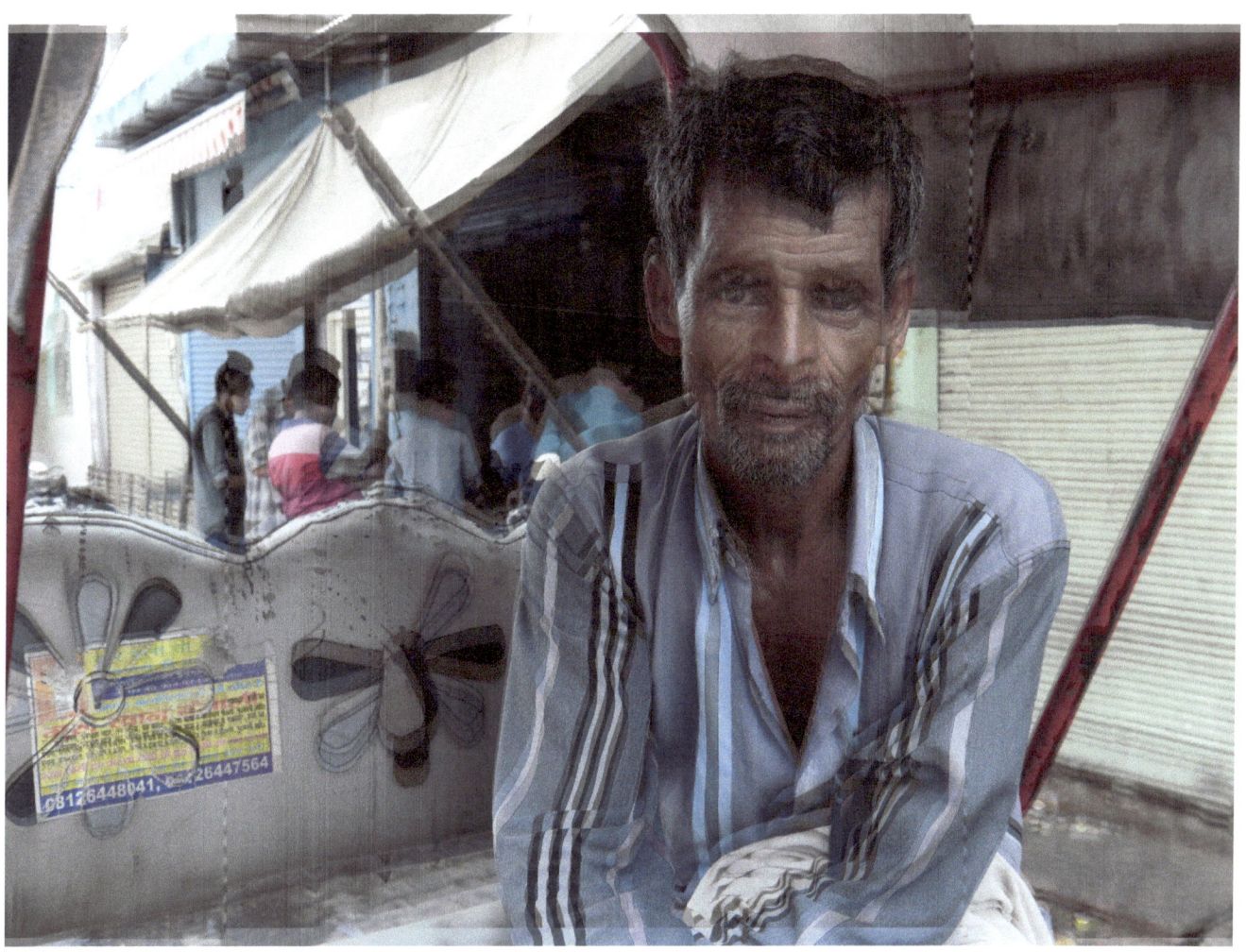

MUMBAI A DAY 2

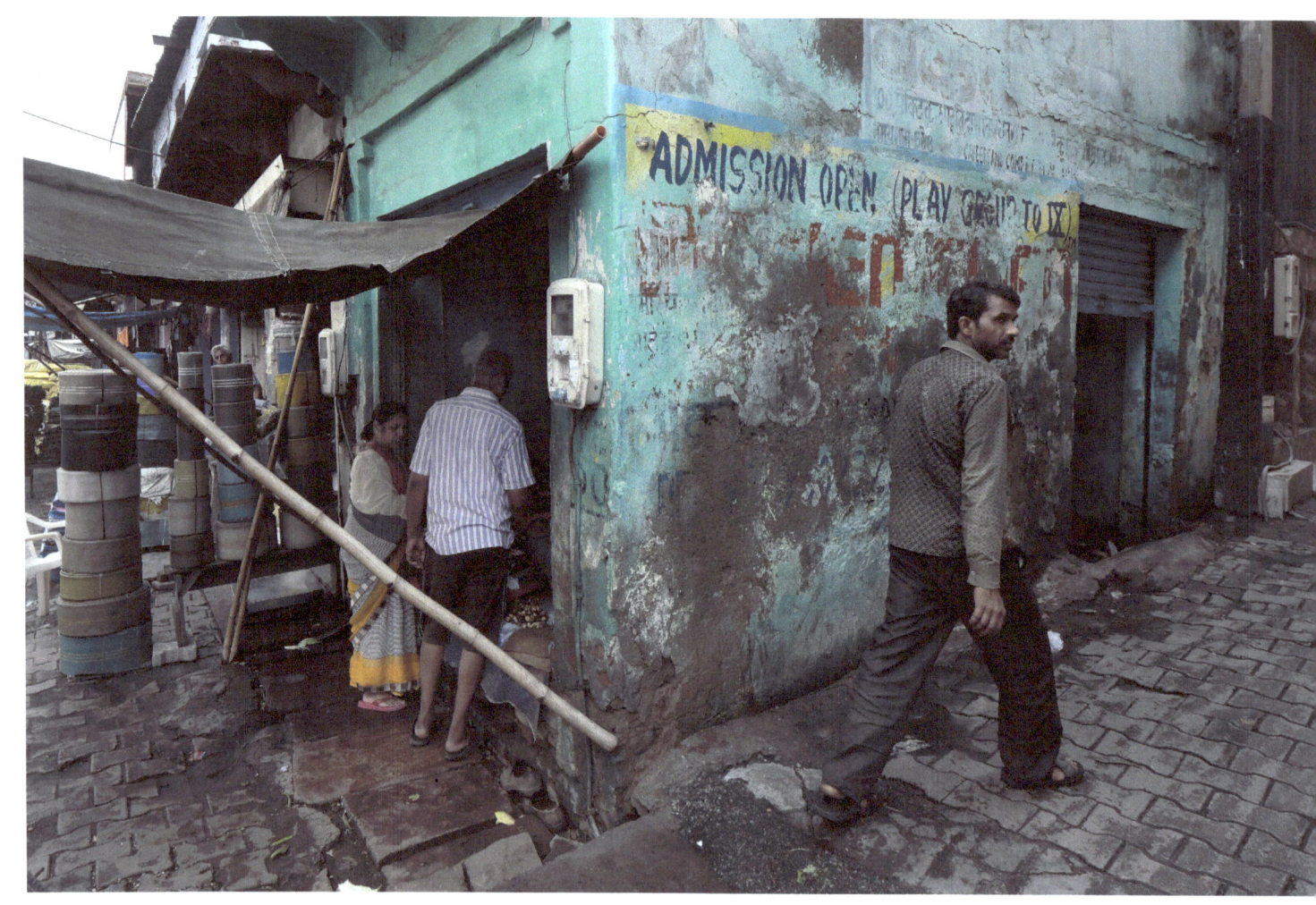

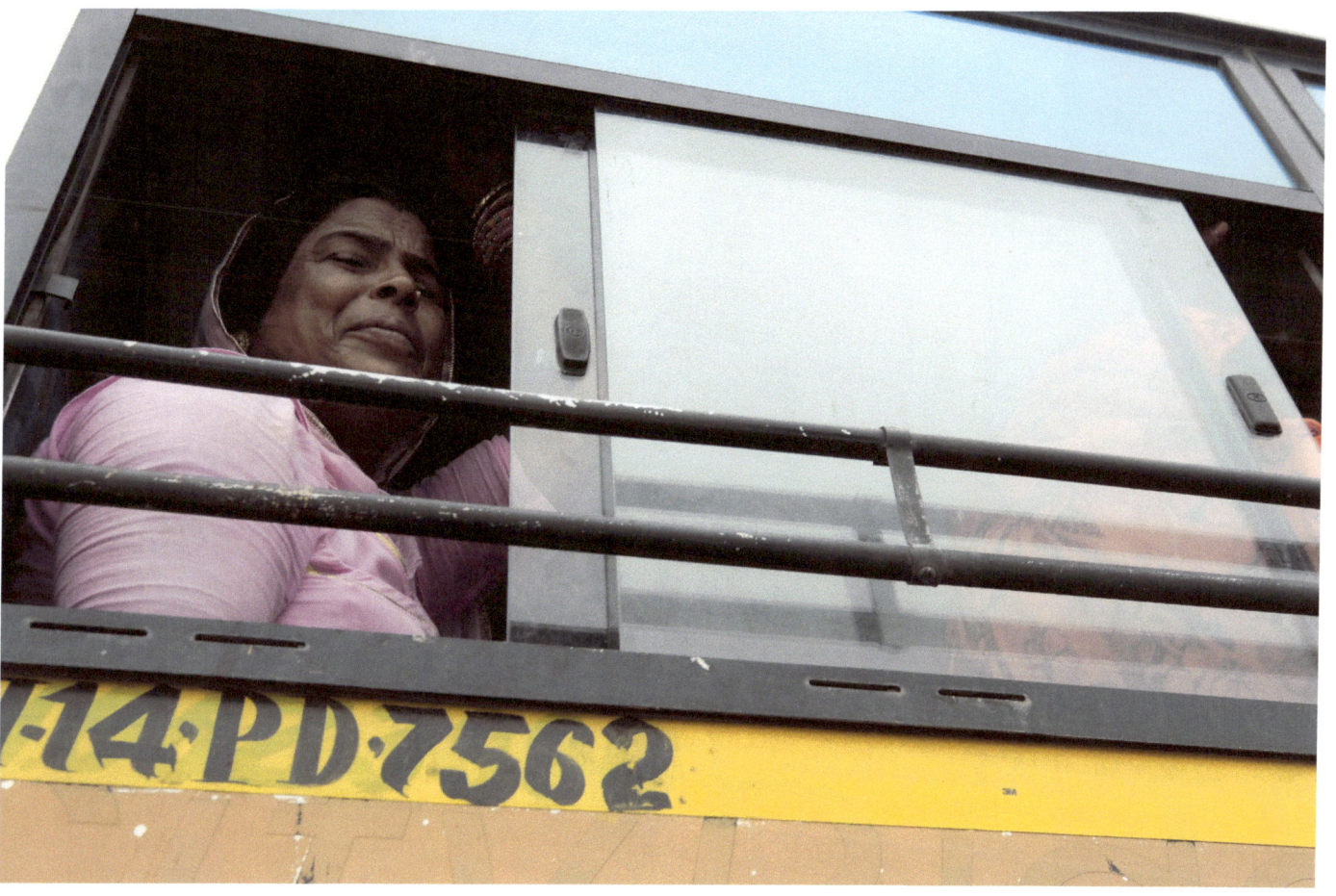

MUMBAI A DAY 2
MUMBAI A DAY 2

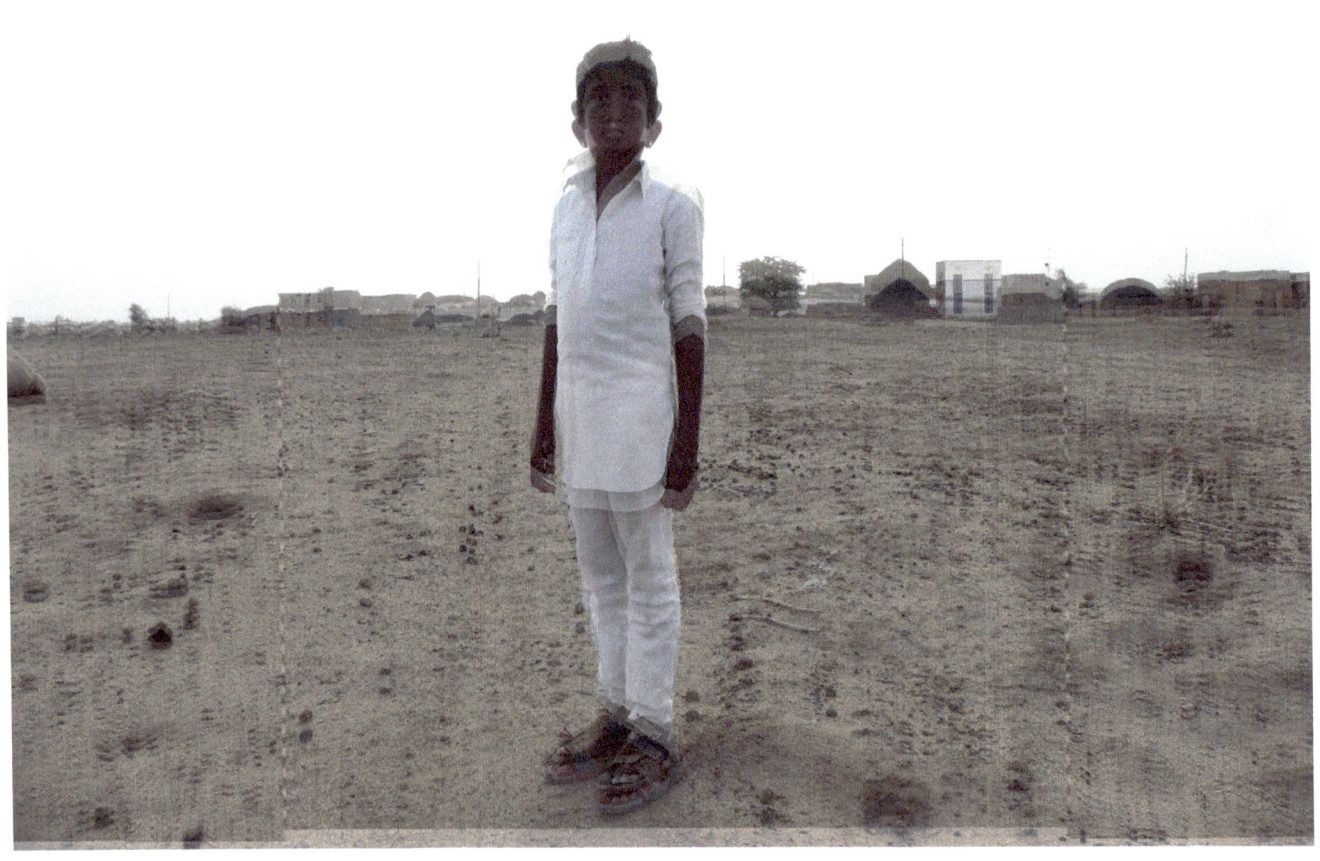

MUMBAI A DAY 2
MUMBAI A DAY 2

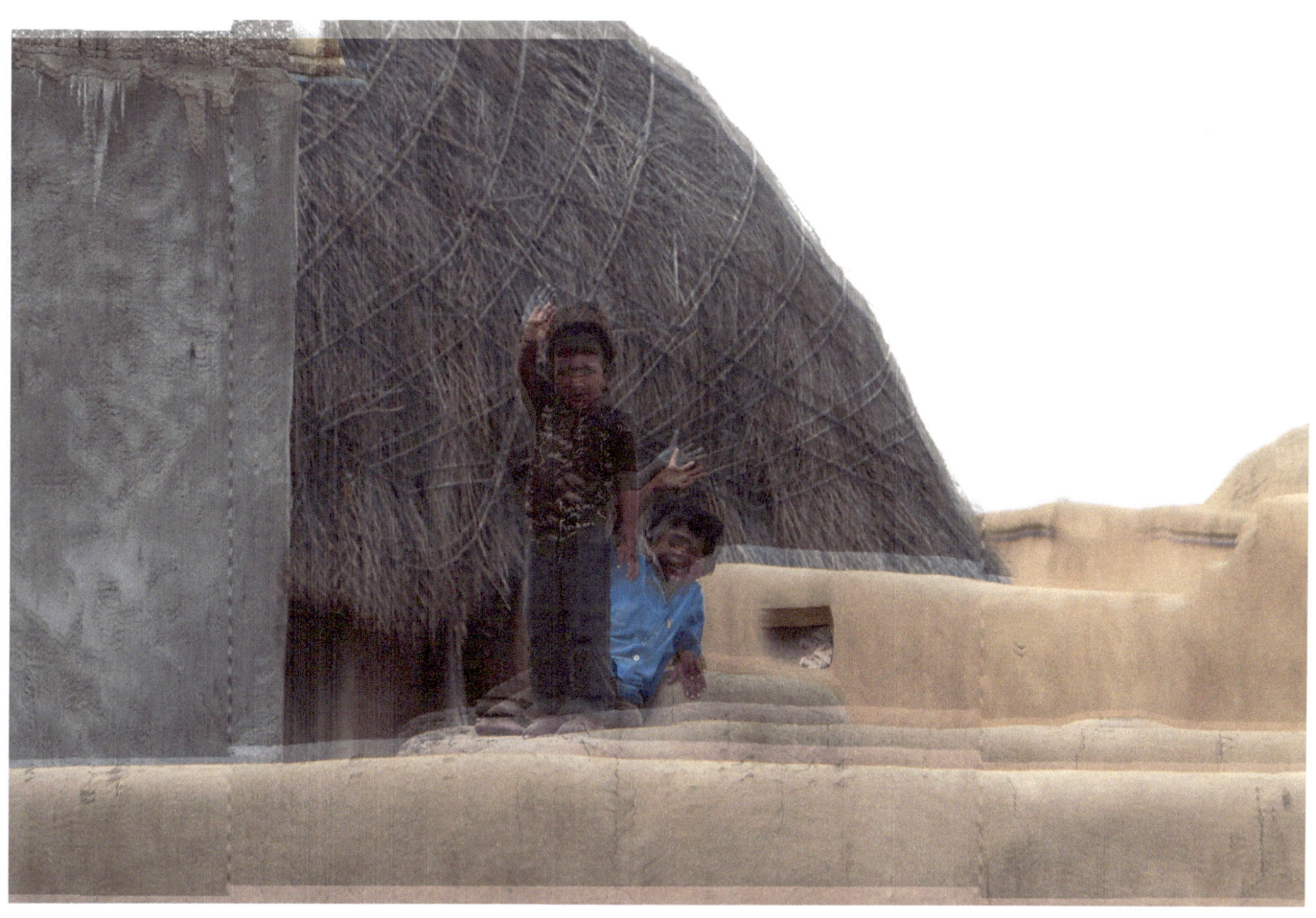

MUMBAI A DAY 2

MUMBAI A DAY 2

a VISUALITY projects book

www.simonegallina.it
©

www.ingramcontent.com/pod-product-compliance
Lightning Source LLC
Chambersburg PA
CBHW051928210526
45473CB00006B/2177